Das Mädchen
in unserem Badezimmer

Hitzbleck + Wacker

DAS MÄDCHEN IN UNSEREM BADEZIMMER

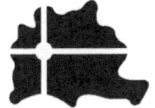

„Ich weiß nicht, was es bedeutet,
wirklich alleine zu sein.
Ohne Mutter. Ohne Vater.
Alles alleine entscheiden zu müssen.
Überhaupt zu wissen,
was man will oder nicht."

Amra, vierzehn Jahre

01.

Diese blöden neuen Turnschuhe. Zwei Runden bin ich durch den Preußenpark gerannt, habe alles gegeben und jetzt kann ich kaum noch gehen. Mein linker Hacken ist aufgescheuert und tut höllisch weh. Und dann noch diese unerträgliche Hitze. 28 °C sagt mein Handy, und das Ende September. Ich muss mich setzen. Sofort. Am liebsten in den Schatten und am allerliebsten auf die Bank unter der Eiche.

Aber da sitzt schon ein Mädchen. Ich könnte mich neben sie setzen, aber irgendwie ist sie merkwürdig. In Shorts hockt sie barfüßig und breitbeinig da, in der einen Hand eine Zigarette und mit der anderen kratzt sie mit langen grasgrünen Fingernägeln überall an sich rum. Zwischendurch leckt sie ihre Finger ab, dann geht das Kratzen weiter. Ihre scheckigen Haare hat sie zu einem schlaffen Dutt zusammengebunden. Weiße Cowboystiefel liegen vor ihr auf dem Boden – daneben mindestens ein Dutzend Bierflaschen. Ich schätze mal, sie ist siebzehn.

„Is was?", raunzt sie mich an.

Mist, glaube, ich habe sie voll angestarrt. „Nee, was soll sein?", sage ich, humple schnell weiter und hocke mich neben unsere Fahrräder. Obwohl ich mindestens fünf Meter von ihr entfernt bin, kann ich sie riechen.

Aber immerhin sitzt sie im Schatten, während ich hier in der prallen Sonne auf meine Mutter warten darf. Wo steckt die überhaupt? Vom Weg abgekommen oder eine andere Schnecke getroffen? Mein Kopf pocht, mein Gesicht glüht und meine Laune ist am Tiefpunkt angelangt. Endlich taucht sie auf, doch sie läuft an mir vorbei und bleibt direkt vor dem Mädchen stehen. Sie lächelt ihr zu und sagt irgendetwas. Das Mädchen antwortet, woraufhin meine Mutter ein Taschentuch aus der Tasche ihrer Shorts zieht und es ihr reicht. Kennen die sich etwa? Was gibt's da zu bequatschen? Ich spitze die Ohren.

„… schon ein paar Mal gesehen. Deshalb wollte ich dich fragen, ob es vielleicht irgendetwas gibt, was ich für dich tun kann?", höre ich meine Mutter sagen.

Völlig entgeistert starre ich sie an.

Das Mädchen zögert. Ziemlich lange. „Eine Dusche, ich würde gerne mal duschen", antwortet es schließlich leise.

Meine Mutter überlegt. Auch ziemlich lange. „Klar, kann ich verstehen. Bei der Hitze!" Fragend schaut das Mädchen meine Mutter an. Ich auch. „Also, wenn du magst, kannst du bei uns duschen."

Mir fällt die Kinnlade runter.

„Wirklich?" Das Mädchen ist genauso baff wie ich.

Meine Mutter nickt. „Heute passt es allerdings nicht so gut, morgen wäre besser. Morgen früh um zehn. Wäre das okay für dich?"

Das Mädchen zögert wieder. „Ich weiß nicht. Normalerweise mache ich so was …"

„Schon in Ordnung", unterbricht sie meine Mutter. „Du bist eingeladen! Wir wohnen in der Mommsenstraße 256, ganz in der Nähe vom S-Bahnhof Charlottenburg. Vorderhaus, 4. Stock. Du musst bei R. A. H. klingeln! Abgemacht?"

„Also, wenn das wirklich okay für Sie ist? Dann komme ich gerne", erwidert das Mädchen überrascht und schaut meine Mutter ungläubig an.

„Ja, klar, komm ruhig vorbei! Wäre aber nett, wenn du pünktlich bist. Also bis morgen", sagt meine Mutter lächelnd und dreht sich um. „Wollen wir los, Amra?"

Ich bin sprachlos. Wenn ich das richtig sehe, hat meine Mutter gerade dieses Mädchen zu uns nach Hause eingeladen. „Kennst du die?", will ich wissen.

„Nein."

Ich fasse es nicht. „Und wie kannst du sie dann einfach so zu uns nach Hause einladen?" Verständnislos starre ich meine Mutter an.

„Warum nicht?", antwortet sie ruhig. „Du hast doch gehört, dass sie gerne mal duschen möchte. Darum!"

„Und wie wär's, wenn du Papa und mich auch mal fragst, ob wir das überhaupt wollen?"

„Ach komm, jetzt stell dich nicht so an. Was findest du denn daran so schlimm? Außerdem bin ich sicher, dass Hannes mir zustimmt", erwidert meine Mutter.

„Ach ja, und was ist mit mir? Ich muss wegen jeder Kleinigkeit ... und überhaupt, warum kann die nicht zu Hause duschen?", rege ich mich auf.

„Weiß ich auch nicht. Vielleicht hat sie gar kein Zuhause."

„Die und kein Zuhause? Hast du ihr Shirt nicht gesehen? Da stand groß und fett DSQUARED2 drauf. Ich glaube nicht, dass eine Obdachlose so was trägt", antworte ich triumphierend. „Und weiße Cowboystiefel erst recht nicht."

„Ich habe ja gar nicht gesagt, dass sie obdachlos ist. Vielleicht hat sie nur keine eigene Wohnung", vermutet meine Mutter.

Fassungslos schnappe ich nach Luft. „Ach, und wo soll da der Unterschied sein?"

„Ist doch jetzt auch egal. Das ist jedenfalls schon das dritte Mal, dass ich sie hier im Park sehe", erklärt meine Mutter gereizt. „Jedes Mal sitzt sie alleine mit ihrem großen Rucksack auf dieser Bank und irgendwie habe ich Mitleid mit ihr. Nun komm schon." Meine Mutter schwingt sich aufs Fahrrad und fährt los.

Mir ist das Mädchen heute zum ersten Mal aufgefallen und einen Rucksack habe ich auch nicht gesehen. Wo soll der gewesen sein? Ich drehe mich um und starre direkt in ihre dunklen Augen. Unheimlich. Hat sie etwa unser Gespräch mitgekriegt? Schnell schnappe ich mir mein Rad und trample meiner Mutter hinterher. Schon allein die Vorstellung, dass dieses Mädchen in unserer Wohnung auftaucht, mein Handtuch benutzt, sich mit meiner Haarbürste seine klebrigen Haare bürstet und sich womöglich noch mit meiner Zahnbürste ..., och, nee, bitte nicht!

„He, pass doch auf! Fahrradfahren ist auf dem Bürgersteig verboten", blafft mich eine Männerstimme von der Seite an.

Erschrocken drehe ich mich um. Natürlich Herr Polzin,

der schrecklichste Typ überhaupt, der obendrein auch noch bei uns im Haus wohnt. Steht mit seinem fetten Rauhaardackel da und schnauzt mir hinterher. Der hat mir gerade noch gefehlt.

„Wie oft soll ich dir das noch sagen, hä?", schnaubt er vor Wut.

Ich sag einfach gar nichts und fahre weiter. Mit diesem Typen ist nicht zu spaßen, sagt selbst mein Vater, und der muss es wissen. Polzin hat ihn nämlich angezeigt. Wegen eines Stinkefingers!

Das wär's, wenn dieses Mädchen morgen nicht bei uns, sondern aus Versehen bei Polzins klingelt. „Guten Tag. Da bin ich. Ich wollte zum Duschen kommen!"

Frau Polzin würde der Putzlappen aus der Hand fallen und Herr Polzin hätte ganz schnell die 110 gewählt und sein Luftgewehr aus dem Schrank geholt. Mit dem hat er mal Jagd auf die Tauben im Innenhof gemacht, weil sie ihm den Balkon vollgekackt haben. So sind die beiden drauf.

Ich bin mir nicht sicher, was ich von der Duschaktion halten soll. Was, wenn es dem Mädchen bei uns gefällt? Womöglich taucht die dann jeden Montag bei uns auf. Und weil die anscheinend kein eigenes Bett hat, bietet ihr meine Mutter als Nächstes an, bei uns im Gästezimmer einzuziehen. Das kann sie echt nicht bringen. Na ja, ein bisschen kann ich sie schon verstehen, wenn sie sagt, dass das Mädchen Hilfe braucht. So richtig glücklich sah es nicht aus. Außerdem ist meine Mutter eine Mutter, und eine Mutter sorgt sich nun mal um Kinder. Das ist genetisch bedingt! Mein Vater sagt, dass er die Einladung lobenswert findet. Aber er ist sich zu 99 Prozent sicher, dass das Mädchen morgen nicht auftauchen wird.

02.

„**Boah, echt jetzt?** Deine Mutter hat einfach dieses Mädchen zu euch zum Duschen eingeladen?", platzt Louise auf dem Weg zur Schule raus.

„Yep. Einfach so."

Louise starrt mich ungläubig an. „Und was sagt dein Vater dazu?"

„Na, was wohl? Der findet das natürlich voll nett", sage ich und verdrehe die Augen.

„Und du?"

„Weiß nicht", gebe ich zu. „Schon nett. Aber vielleicht kommt sie ja auch gar nicht."

„Und die ist wirklich obdachlos?"

Ich zucke mit den Schultern. „Sie sah auf alle Fälle echt schlimm aus. Stinkend und schwitzend mit fettigen Haaren und roten Flecken am ganzen Körper. Hat die ganze Zeit gequalmt. Und überall lagen Bierflaschen herum. Voll ekelig. Und das am frühen Morgen. Außerdem, warum sollte sie sonst bei uns duschen wollen? Bestimmt nicht, weil in ihrem Bad der Duschkopf kaputt ist."

Louise kichert. „Stimmt auch wieder."

„Wie würdest du das denn finden, wenn plötzlich eine Obdachlose bei euch duschen will?"

„Na ja, im Gegensatz zu eurem Badezimmer ist unseres ja mini und ...", druckst Louise rum.

„Ach, und weil unser Badezimmer größer ist, müssen wir alle reinlassen?" Ich schnappe empört nach Luft.

„Nein, natürlich nicht."

„Und wie ist jetzt deine Antwort?", bohre ich nach.

Louise hebt die Schultern und verstummt. Was nicht oft passiert.

Louise ist zehn Monate älter als ich, eine Klasse unter mir, einen Tick größer, aber vor allem ist sie meine beste Freundin. Und das, obwohl wir komplett unterschiedlich sind. Sie ist megachaotisch, plappert einfach drauflos und hat null Zeitempfinden. Das kann ganz schön nerven. Besonders morgens, wenn sie zum hundertsten Mal im Jahr zu spät zu unserem Treffpunkt kommt und mich dann auch noch unschuldig mit ihren großen karamellbraunen Kulleraugen anlacht.

Nicht, dass ich ständig pünktlich bin, aber mehr als sie bestimmt. Und aufgeräumter. Nicht nur in meinem Zimmer, auch in meinem Kopf. Alles hat seinen Platz. Ich mag das. Ordnung. Dinge und Gedanken zu sortieren und in Boxen und Büchern zu sammeln. Aber das erzähle ich besser niemandem. „Ich liebe Streetdance, Kickboxen und Saxofonspielen und du, Amra?" Ich liebe Sammeln und Sortieren. Das klingt dermaßen bescheuert und geht gar nicht. Ganz früher waren es Kronkorken, dann Sticker und jetzt sammle und sortiere ich Farbstifte. Nicht wegen der Stifte, sondern wegen der Farben. Für mich ist ein Rot nicht einfach rot, sondern rougerot, mandarinrot, blutrot ...

„Und, war sie da?", will ich als Erstes wissen, als ich aus der Schule nach Hause komme.

„Allerdings. Sie ist sogar immer noch da", antwortet mein Vater.

Ich reiße ungläubig die Augen auf. „Wieso das denn? Die sollte doch um zehn kommen!"

„Ist sie auch. Und gleich im Badezimmer verschwunden. Seitdem wurde sie nicht mehr gesehen."

„Echt jetzt? Seit fast vier Stunden?"

Zum Glück haben wir ein Gästeklo. Denn mittlerweile hat sich das Mädchen seit sechs Stunden in unserem Badezimmer verschanzt und wir haben absolut keine Ahnung, was es da eigentlich macht. Ab und zu hören wir mal Wasser laufen und einmal hat sie geredet. Entweder Selbstgespräche oder sie hat telefoniert. Aber sonst: Nichts!

Mein Vater findet dauernd einen neuen Grund, um von seinem Arbeitszimmer in die Küche zu gehen. Da muss er nämlich am Badezimmer vorbei und dann lauscht er an der Tür, aber anscheinend ist nichts Verdächtiges zu hören. Ich befürchte, er ist kurz davor, durchs Schlüsselloch zu kucken. Würde er natürlich nicht machen, aber gechillt ist er auf jeden Fall nicht mehr. Meine Mutter und ich auch nicht.

„Deine Kleidung ist jetzt trocken. Ich lege sie dir vor die Tür", ruft meine Mutter.

„Danke", antwortet das Mädchen in unserem Badezimmer.

„Brauchst du vielleicht noch etwas?"

„Nein, danke."

„Brauchst du denn noch lange?"

„Nein, nicht mehr so lange."

Zwanzig Minuten später hat mein Vater einen Entschluss gefasst. „Allmählich habe ich die Nase voll. Wir sagen ihr jetzt, dass wir um sechs wegmüssen und sie dann gefälligst fertig sein soll."

„Aber das stimmt doch gar nicht", wende ich ein.

„Hast du eine bessere Idee?", pflaumt mich meine Mutter an. Habe ich nicht. Also marschiert meine Mutter zur Badezimmertür und bittet das Mädchen, um sechs fertig zu sein.

„Okay, ich komme gleich", ruft das Mädchen durch die Tür.

Wir setzen uns in die Küche und versuchen „Stadt, Land, Fluss" zu spielen.

17:55 Nichts zu hören.

18:06 Immer noch nichts.

18:16 Endlich! Wir hören etwas. Gebannt starren wir zur Badezimmertür. Sie öffnet sich einen Spaltbreit, eine Hand mit langen pflaumenblauen Fingernägeln greift nach den Klamotten und verschwindet wieder. Der Schlüssel dreht sich im Schloss.

„Prune", sage ich laut. „Dein neuer Nagellack von Chanel." Meine Mutter nickt.

18:25 Mein Vater steht auf und geht auf den Balkon, um eine Zigarette zu rauchen. Macht er nur in Notfällen.

18:29 Mein Vater kommt zurück. „Welcher Buchstabe ist dran?"

„D wie Deike, duschen und dämlich", erwidere ich und werfe meiner Mutter einen giftigen Blick zu.

Meine Mutter verdreht die Augen. „Was machen wir denn jetzt?", fragt sie leise meinen Vater.

„Das fragst du uns?", zische ich sie an. „Du hast uns das Ganze doch eingebrockt, jetzt kannst du die Suppe auch wieder auslöffeln. Und eins sage ich dir, wenn die ..."

„Ich würde jetzt gerne gehen."

Aufgeschreckt drehen wir uns um. Das Mädchen steht direkt vor uns. Nee, oder? Ihre Haare sind jetzt kirschrot und fallen lockig über ihre Schultern. Den Lockenstab hat sie also auch gefunden, genau wie das Parfüm meiner Mutter. Ganz schön dreist. Aber es hat sich gelohnt. Sie sieht tausendmal besser aus als gestern.

„Vielen Dank, dass ich bei Ihnen duschen durfte. Ich habe es sehr genossen. Und danke fürs Wäschewaschen." Sie hebt die Hand zum Abschied. Auf dem Unterarm hat sie ein kleines Tattoo. „Jasmin" steht da in verschnörkelten schwarzen Buchstaben.

„Klar, gern geschehen", stottert mein Vater und meine Mutter lächelt glücklich.

„Warte, ich bring dich noch zur Tür", sagt sie erleichtert. Das Mädchen guckt mich an. „Wie heißt du eigentlich?"

„Meinen Sie mich?" Ich wundere mich selbst – warum sieze ich die denn jetzt? So viel älter als ich ist sie nun auch wieder nicht. Zwei oder drei Jahre vielleicht, höchstens. Aber irgendwie passt es besser. Irritiert schaue ich zu ihr hinüber. Natürlich meint sie mich. „Ich bin Amra."

Das Mädchen nickt anerkennend. „Cooler Haarschnitt, Amra!"

„Danke", antworte ich und streiche über mein kurzes Haar.

„Tschüss, Amra", sagt sie.

„Tschüss, äh ... Ich weiß gar nicht, wie Sie heißen?"

„Coco", sagt das Mädchen und lächelt mich mit strahlend weißen Zähnen an. Es dreht sich um und folgt meiner Mutter zur Wohnungstür.

„Ich wünsche Ihnen alles Gute", höre ich meine Mutter sagen. Jetzt siezt sie das Mädchen also auch.

„Endlich", seufzt mein Vater, als wir unten die Haustür zuschlagen hören. „Ich dachte schon, die geht nie mehr."

„Ich auch!", stimme ich ihm zu und auch meine Mutter nickt erleichtert.

Irgendwie sind wir alle froh, dass sie endlich weg ist. Gespannt öffnen wir die Badezimmertür. Bis auf die benutzten Handtücher, die auf dem Rand der Badewanne liegen, und eine leere Packung Haarfarbe im Mülleimer sieht eigentlich alles aus wie immer.

Ich checke den Schrank. Gott sei Dank, meine Sachen stehen noch genauso da, wie ich sie hingestellt hatte. Meine Zahnbürste ist trocken. Die Haarbürste hatte ich vorsichtshalber gestern schon mit in mein Zimmer genommen. Was allerdings nicht stimmt, ist der Geruch. Der ist definitiv anders als sonst und ich kann nicht behaupten, dass er mir gefällt. Eine Mischung aus Chemiestunde, Schweißfüßen, Vanilleeis und vollem Aschenbecher.

Mein Vater öffnet das Fenster und meine Mutter holt eine Ladung Putzmittel. Obwohl alles sauber aussieht, jedenfalls so sauber wie sonst auch, fangen wir alle an zu putzen. Das haben wir noch nie gemacht: zusammen freiwillig und mit Hingabe das Badezimmer geschrubbt.

Zwischendurch schicke ich ein Stoßgebet zum Himmel: „Bitte, bitte, lass sie nicht wiederkommen. Einmal duschen reicht!" Ein bisschen schäme ich mich ja, dass ich mir das wünsche, aber wenn ich ganz ehrlich bin, will ich nicht, dass sie noch mal kommt.

Ich mag das nicht. Wildfremde Menschen in unserer Wohnung, in unserem Badezimmer und schon gar nicht an meinem Schrank. Zum Glück fahren wir übermorgen nach Paris. Herbstferien.

Zwei Wochen später

03.

„Was? Du hast das ganze Tagebuch von der gelesen?" Louise starrt mich entsetzt an. „Alles, was das Mädchen geschrieben hat?"

Hätte ich ihr bloß nichts erzählt. Und das auch noch direkt vor der Tür unserer Schülerzeitung, wo gerade die komplette Redaktion an uns vorbeizieht und neugierig glotzt. Als wir aus Paris zurückkamen, lag nämlich ein Buch mit einem Pferdekopf auf meinem Schreibtisch. Jadwiga, unsere Putzfrau, hatte es beim Aufräumen gefunden und dachte, es wäre meins. Ich habe natürlich reingeguckt. Es war Cocos Tagebuch.

„Nein, nicht alles", zische ich und spüre, wie das Blut in mein Gesicht schießt. „Nur zwei oder drei Seiten. Was denkst du denn von mir? Dass ich in fremden Tagebüchern schnüffle, oder was?"

„Nein, natürlich nicht", beschwichtigt Louise.

Ich lege die Stirn in Falten. „Dann tu auch nicht so!"

„Mach ich doch gar nicht." Louise verdreht die Augen.

„Klingt aber so", brumme ich.

„Komm mal runter, Amra, war nicht so gemeint."

Ratlos hebe ich die Schultern. „Was sollte ich denn machen? Plötzlich liegt da ein wolkenrosa Buch mit Pferdekopf auf meinem Schreibtisch. Ist doch logisch, dass ich da reingucke, oder? Wie hätte ich denn sonst rausfinden können ..."

„Schon gut", fällt mir Louise ins Wort. „Erzähl es mir nachher! Ich muss hoch. Latein nachschreiben."

„Später bei mir? Kommst du vorbei?"

Louise hebt den Daumen und flitzt die Steintreppe hoch. „Und kämpfe für die Klos!", ruft sie noch von oben runter.

Zwei Fünfties gehen kichernd an mir vorbei.

„Ist was?", raunze ich sie an. „Oder gefallen euch etwa die Klos?" Erhobenen Hauptes betrete ich die Redaktion. Seit zwei Jahren zeichne und schreibe ich für unsere Schülerzeitung CHARLY_19. Meistens berichten wir über das, was an der Schule passiert oder passieren sollte. Zum Beispiel endlich die Sanierung der Toiletten. Die sind nämlich ein stinkender Albtraum. Mit Türen, die nicht mehr schließen, verstopften Rohren und Überschwemmungen. Da geht keiner freiwillig hin.

Endlich. Louise ist da. Wir sitzen im Schneidersitz auf meinem Bett. Das Tagebuch zwischen uns.

„Bist du dir überhaupt sicher, dass es von diesem Mädchen ist?", fragt Louise.

Ich gucke sie entgeistert an. „Ja klar, von wem denn sonst?"

Vorsichtig nimmt Louise es in die Hand. „Hat sie da viel reingeschrieben?"

„Das Buch ist fast voll", erwidere ich.

„Und warum holt sie es nicht ab? Das ist echt merkwürdig."

„Sage ich ja! Ein Tagebuch lässt man doch nicht einfach irgendwo liegen."

„Und du bist dir ganz sicher, dass da keine Adresse oder Telefonnummer drinsteht?", hakt Louise nach.

„Vorne steht jedenfalls nichts. Wenn wir wissen wollen, was es mit dem Buch auf sich hat, müssen wir reingucken", stelle ich fest.

Louise nickt. „Stimmt! Außerdem hast du doch schon die ersten Seiten gelesen."

„Ja, aber nur ..."

„Vier Augen sehen mehr als zwei", fällt Louise mir ins Wort.

„Vielleicht finden wir ja einen Hinweis, wo Coco steckt, und dann geben wir es ihr wieder. Und weiter lesen wir nicht. Abgemacht?"

„Abgemacht!" Louise schaut mich an. „Bist du bereit?"

Ich nicke. „Also dann ..."

Liebe Jasmin!

Ich bin's. Coco. Deine große Schwester. Korrekt gesagt deine Halbschwester. Ich weiß noch nicht mal, ob sie dir erzählt haben, dass es mich gibt. Tut es aber. Früher haben wir zusammengelebt. Bis sie uns getrennt haben. Ich vermisse dich.

Ich bin jetzt 17 und lebe in Berlin. Wenn ich nicht weiß, wo ich hinsoll, gehe ich manchmal in die Stadtbücherei.

Ich mag es da. Keiner quatscht mich blöd an, ich kann das Handy aufladen und sie haben WLAN. Hier ist mir eingefallen, alles aufzuschreiben, was ich von uns weiß. Von Anfang an. Damit du Bescheid weißt. Ich habe mir extra dieses Buch besorgt. Wenn ich fertig bin, werde ich es dir schicken. Oder vielleicht treffen wir uns in Wirklichkeit. Dann lese ich es dir vor.

Zum ersten Mal habe ich in der Küche von dir gehört. Carlos hatte die Hand auf Mamas Bauch gelegt und fett dazu gesmiled. Sie saß auf seinem Schoß, hat seine Stirn geküsst und ihm zärtlich durch die Locken gestreichelt. Und dann verkündeten die beiden feierlich: „Es gibt wunderbare Neuigkeiten! Du bekommst eine Schwester!" Und dann haben sie geheult. Vor Freude. Geheult habe ich auch. Aber vor Wut. Ich wollte keine Schwester. Als ich klein war, wollte ich unbedingt eine, aber bestimmt nicht mit 11! Es war doch alles gut, so wie es war.

Du warst ein Wunschkind. Ich nicht. Mama war 16 und hat gar nicht mitgekriegt, dass sie schwanger war. Und als dann doch, war es zu spät. Zu spät zum Abtreiben. Das wäre allen am liebsten gewesen. Mama hat gesagt, dass Cem, ein Junge aus ihrer Schule, der Vater ist und dass sie ihn liebt und dass sie das Kind bekommen will. Also mich. Aber seine Familie ist komplett ausgerastet, sie haben Mama richtig übel beschimpft. Cem haben sie zurück in die Türkei geschickt. Der war dann weg. Habe ihn noch nie gesehen.

Ich kam also auf die Welt. Gewohnt haben wir bei Oma, die war 35 und hatte keinen Bock auf vollgeschissene Windeln und Babygeschrei. Außerdem war sie eifersüchtig. Wegen Herbert, ihrem Freund. Der hat behauptet, Mama würde ihn angraben. Dabei hat sie Herbert und seine Grapschereien gehasst. Er war ekelhaft, hat sie gesagt. Irgendwann ging es nicht mehr, und wir sind zu einer Bekannten gezogen. Ging aber irgendwie schief. Auf jeden Fall hat Mama Ivo kennengelernt und mit dem sind wir nach Bremen. Mama hat im Balkan-Grill gearbeitet. Fanta und Pommes satt. Von der Kita weiß ich nur noch den Tag, als Mama mich da abgeholt hat und meinte, dass wir den Abflug nach Hamburg machen.

Da hat sie dann im Hecht gearbeitet. Der Hecht hatte immer auf, 24 Stunden, 365 Tage, Weihnachten inklusive. Gewohnt haben wir daneben. Mama hat soo viel gearbeitet, meistens nachts. Wenn sie nicht da war, bin ich manchmal wach geworden, weil da Schritte waren. Weil jemand durch die Wohnung schleicht. Habe dann richtig Angst gekriegt und mich mit meinen Kuscheltieren unter der Bettdecke verkrochen. Und mich totgestellt.

Ich kam in die Schule. Am Tag davor hat Mama mich mit zur Kosmetikerin genommen. Die hat uns die Nägel lackiert, die Augenbrauen gezupft, und am besten: Sie hat uns Locken gedreht. So richtig mit Lockenwicklern. Wir sahen aus wie Schwestern. Und am ersten Schultag hat Mama mir ganz feierlich eine riesige Schultüte überreicht, bis obenhin voll mit Süßigkeiten, vor allem Mäusespeck.

Ich liebe Mäusespeck. Bin meistens alleine zur Schule, Mama schlief ja. Ich mochte Mathe, weil ich gut rechnen konnte. Das konnte ich, weil ich für Horst die Deckel ausgerechnet habe. Horst war der Chef vom Hecht. Deshalb hat er mir manchmal einen Euro gegeben, den habe ich dann sofort in mein grünes Sparschwein gesteckt. Das stand in der Küche auf der Fensterbank. Eigentlich habe ich auf Rollerblades gespart. Aber als ich das Geld zusammenhatte, habe ich sie doch nicht gekauft. Ein volles Sparschwein war mehr wert.

Das Beste an der Schule waren Swantje und Collin. Swantje war die Horterzieherin. Wenn die anderen schon weg waren, haben wir uns in der Kuschelecke versteckt und Swantje hat vorgelesen. Nur für mich und noch einen Jungen. Wir lagen auf riesigen Sitzkissen ganz eng zusammen und es roch nach Vanille. Collin war Swantjes Hund, ein Jack Russel Terrier, der beste Hund ever. Wir waren beste Freunde. Collin hat immer verstanden, was ich gesagt habe. Andersrum auch.

Wenn Mama mal früher Schluss hatte, sind wir zusammen nach Hause, haben es uns im Bett mit Chips gemütlich gemacht und ferngesehen. Am liebsten Familientausch. Da tauscht eine Familie mit wenig Geld ihr Leben für eine Woche mit einer Familie mit viel Geld. Auf einmal in einer fetten Villa, dickes Auto und Putzfrau. Trotzdem war die Familie mit dem wenig Geld immer froh, wenn sie wieder in ihr altes Leben zurückkonnte. Die mit viel Geld sowieso. Ich schreibe morgen weiter.

18. Juli

Eines Tages tauchte Carlos auf. Ich weiß noch, wie er das erste Mal bei uns im Flur stand. Eine blaue Uniform hatte er an und alles an ihm war groß. Riesige Hände und voll die breiten Schultern. Für Mama hatte er einen Blumenstrauß mitgebracht. Und für mich eine Glitzerlicht-Meerjungfrau! Carlos hat für einen Security-Service gearbeitet, bei Konzerten und in Clubs und so. Aber er war kein Aggro. Im Gegenteil. Mama hat immer gesagt, Carlos ist ein echter Gentleman. Carlos kam aus Kuba. Wenn er lachte, und das hat er oft, hat er seinen Bauch festgehalten und seine großen braunen Augen leuchteten. Die beiden waren dermaßen ineinander verknallt. Nach drei Monaten haben sie geheiratet. Nach dem Standesamt sind wir zu den Landungsbrücken und Carlos hat Mama ein Liebesschloss geschenkt. ‚Siempre por te' hatte er da eingravieren lassen. Das ist spanisch und bedeutet ‚Für immer Dein'. Gemeinsam haben sie es ans Geländer geklickt und den Schlüssel dann ab in die Elbe. Und dann haben sie rumgeknutscht. Ich stand daneben, wusste gar nicht, wo ich hingucken sollte. Aber glücklich war ich.

Carlos war es wichtig, dass alles vom Feinsten ist. Als Erstes hat er einen gigantischen Fernseher angeschleppt. Mama hat er das neueste iPhone geschenkt und überhaupt alles. Unsere Wohnung fand er auch nicht korrekt – wegen der Gegend. Wir also woanders hin und ich in eine neue Schule. Das wars dann mit Swantje und Collin. Da hatte keiner dran gedacht. Ich habe die beiden total vermisst. Carlos war immer nett. Jeden Morgen hat er mir einen heißen Kakao ans Bett gebracht, und wenn er nicht arbeiten war, hatte er Zeit für mich. Wir haben gekocht wie die Leute in Kuba, mit Reis, Bohnen und vielen Gewürzen. Wir haben einen Drachen gebaut, mit dem sind wir zum Elbstrand, haben ihn geflogen und dabei den Schiffen hinterhergeschaut. Und PlayStation haben wir gespielt, keine Chance für Carlos. Er hat sogar versucht, mir bei den Hausaufgaben zu helfen. Und beim Fernsehen habe ich meinen Kopf auf seinen dicken, weichen Bauch gelegt. Das war voll gemütlich.

Dann kamst du. Auf dich hatte ich echt nicht gewartet. Habe ich ja schon gesagt. Ich wollte Carlos mit niemandem teilen. Als ich dich im Krankenhaus das erste Mal gesehen habe, war ich voll erleichtert. Du warst nämlich richtig hässlich: knallrotes Gesicht, voll die Falten und geschielt hast du wie ein Kakadu. War den beiden egal, sie fanden dich zuckersüß. Hat nicht lange gedauert, da fand ich dich auch zuckersüß. Alle fanden dich zuckersüß. Stolz bin ich mit dir im Kinderwagen rumgekurvt, die ganzen Omas immer voll ausgeflippt: „Was für ein reizendes Kind!" Ich fand mich dann auch reizend.

Carlos wollte nicht, dass Mama im Hecht arbeitet. Hat sie nicht eingesehen, aber dann doch. Da hat es angefangen: das Abhauen. Manchmal war sie eine ganze Nacht weg, manchmal länger. Einfach weg, ohne was zu sagen. Carlos wusste auch nicht, wohin. Er dachte, ich kriege es nicht mit, aber ich habe gesehen, wie er geweint hat. Es war schrecklich. Das machte gar keinen Sinn. Wenn sie wieder-

kam, sah sie schlimm aus. Bleich und dunkle Ringe unter den Augen. Sie haben sich dann gestritten, geheult und wieder vertragen. Und sie hat geschworen, nie wieder zu verschwinden. Ich weiß nicht, wohin sie ist und was sie gemacht hat. Ich habe sie gefragt, aber sie meinte: „Das geht dich nichts an." Natürlich ging es mich was an. Es war so unfair.

21. Juli
Ich fahre oft U-Bahn. Einfach so. Am Hermannplatz war heute ein Poster vom Tropical Islands. Da sind wir mal alle zusammen hin. Das ist eine mega Halle, in die sie einen Urwald reingebaut haben. Original. Mit Wasserfällen, Sandstränden, Lagunen, Palmen und Flamingos. Aber das Beste sind die Rutschen. Wir beide sind überall hin, haben alles ausprobiert. Mama und Carlos hockten an der Strandbar und haben Drinks aus Kokosnüssen geschlürft. Und Carlos hat versprochen: „Wartet ab, bald nehme ich euch alle mit nach Kuba. Da gibt's das in echt. Und tausendmal schöner." Am Ausgang hat die Kassiererin dir einen Teddy geschenkt. Schneeweiß, mit blauen Augen und einem hellgrünen Badeanzug. Ein Eisbär aus der Südsee. Du hast gestrahlt. Das war ein toller Tag. Der letzte.

Plötzlich steht mein Vater im Zimmer. „Hallo, jemand zu Hause?"
„Wie kommst du denn hier rein?", fragt Louise verdattert.
„Durch die Tür. Störe ich etwa?", fragt er scheinheilig.

„Kannst du nicht anklopfen?", fauche ich ihn an und schiebe schnell das Buch unter die Bettdecke.

Verständnislos guckt er mich an. „Warum das denn?"

„Hallo? Weil du soeben in meine Privatsphäre eingedrungen bist." Ich werfe ihm einen vernichtenden Blick zu.

„Erstens habe ich drei Mal geklopft. Zweitens will Kathrin wissen, warum Louise nicht an ihr Handy geht, und ..."

„Wieso? Mein Handy ist doch ..." Louise fingert es aus ihrem Rucksack. „Oopsie daisy, nicht aufgeladen."

„Und drittens, Daisy, mach dich besser sofort auf, denn deine Mutter ist kurz davor zu explodieren, weil", er schaut theatralisch auf seine Armbanduhr, „ihre Theatervorstellung in exakt 20 Minuten beginnt und dein Vater versprochen hat, dich genau jetzt bei euch abzuholen."

„Oh, total vergessen." Sie steht auf und wirft meinem Vater ihr typisches breites Grinsen zu. Bei dem scheint einfach alles an ihr zu grinsen. Die Augen, die krausen Haare, der volle Mund, selbst die feste Zahnspange.

Ich liege im Bett. Cocos Tagebuch liegt gut versteckt in der ziegelroten Schachtel ganz hinten im Regal. Ich habe überlegt, wohin mit ihm. Ich kann es unmöglich zu meinen Sachen legen. Es piept. Louise.

Amra?

Ja?

Muss die ganze Zeit an Coco denken.
Und diesen letzten Satz.

Das war ein toller Tag?

YEP. Mag gar nicht weiterlesen.
Aber das mit dem Liebesschloss
fand ich mega romantisch.
Das mach ich später auch.

Du meinst: Für immer! Louise und P.?

Hahaha, sehr witzig!!!
Meinst du, das hängt da noch?

Wir können ja nach HH fahren und gucken.

Jaaaaaa! Voll Lust!!!
Hättest du eigentlich gerne Geschwister?

Eigentlich wie Coco. Eine Schwester
hätte ich früher auch gerne gehabt.
Und jetzt sind meine Eltern sowieso zu alt.

Lesen wir morgen weiter???

Geht nicht, Hennig kommt.

Dann Montag?

O.K.

04.

Seit dreißig Minuten stehe ich mir vor der verschlossenen Tür der Schauspielschule die Beine in den Bauch und warte auf Hennig. Stinksauer bin ich. Auf Hennig und noch mehr auf mich, denn ich weiß ja, dass er immer zu spät kommt und normalerweise wäre ich auch schon längst gegangen, aber es schüttet in Strömen. Hennig ist der Bruder meiner Mutter, und die hockt vermutlich gerade mit ihrer Freundin auf einem Night Market und schlürft pekinesische Haifischflossensuppe auf glibbriger Seegurkenpampe – garniert mit gedämpften Froschschenkeln. Die beiden machen nämlich seit vorgestern eine kulinarische Bildungsreise und futtern sich durch die chinesische Küche. Sieben Stunden und 15.647 Kilometer von Berlin entfernt.

Mit quietschenden Reifen bremst ein Auto auf der Fahrradspur. „Amra, hier bin ich!", ruft Hennig und hält die Beifahrertür auf.

„36 Minuten zu spät."

„Das geht ja noch, komm steig ein!", schnauft Hennig.

„Willst du etwa umziehen?", frage ich erstaunt, denn die ganze Rückbank ist vollgestopft mit Taschen und Tüten.

„Quatsch, ich habe nur ausgemistet. Das müssen wir nach dem Einkaufen noch wegbringen. Es sei denn, du willst was davon haben? Kannst dich gerne bedienen!" Großzügig breitet Hennig die Arme aus.

Ich verziehe das Gesicht. „Nee, lass mal, ist schon okay. Machst du das eigentlich wegen Inka?"

„Was?" Überrascht schaut er mich an.

„Na, die ganze Aktion hier." Ich zeige auf die Tüten.

„Wie kommst du denn darauf?", fragt er entgeistert.

„Weil du dich irgendwie anders stylst, seit du mit ihr zusammen bist. Nicht mehr so hauteng und altmodisch, einfach ein bisschen lockerer." Er verzieht das Gesicht.

„Wirklich, Hennig, findet Deike übrigens auch!"

Meine Mutter empfindet sogar noch viel mehr. Man könnte fast sagen, meine Mutter ist geradezu glücklich, dass Hennig endlich eine feste Freundin hat. Sie hat nämlich schon Panik geschoben, dass er keine mehr findet. Würde sie natürlich nie zugeben, aber ich weiß, dass es so ist.

„Themawechsel", sagt Hennig. „Heute Abend werde ich ein paar neue Rezepte ausprobieren."

Erwartungsvoll schaue ich ihn an. „Echt, was denn?"

„Wird nicht verraten." Hennig grinst geheimnisvoll.

„Komm schon!", quengele ich.

„Ich verspreche nur: Saisonal und regional."

Wir haben Glück. Direkt vorm Eingang des Bioladens wird ein Parkplatz frei. Zwar im Halteverbot, aber Hennig will sich beeilen. Ich bleibe besser im Auto. Menschen mit Regenschirmen in der Hand hasten, ohne nach rechts und links zu schauen, den Fußweg entlang. Sonst sitzt hier immer der Bettler mit den kleinen schwarzen Augen.

Der wäre innerhalb von Sekunden komplett durchnässt und Geld würde er bestimmt auch keines bekommen. So richtig bettelt er eigentlich gar nicht, er wippt nur stumm auf seinem Hocker vor und zurück und beobachtet die Menschen. Wenn Kinder vorbeikommen, freut er sich und lächelt sie an. Er stinkt nicht, und dreckig sieht er auch nicht aus. Keine Ahnung, wo der sich wäscht.

Zehn Meter weiter, in Richtung Apotheke, sitzt ein anderer Obdachloser auf dem Fußweg. Wegen des Regens kann ich ihn kaum erkennen, aber ich kann ihn hören, wie er laut „I was born to love youuuuu" grölt. Er wirft die Arme in die Luft. „With every single beat of my heart!"

Bis auf eine Person, die schimpfend an ihm vorbeigeht, nimmt kein Mensch Notiz von ihm. Und diese Person steuert geradewegs auf unser Auto zu, bleibt abrupt stehen, starrt auf das Halteverbotsschild, dann auf unser Auto, schüttelt den Kopf und klopft an die Fensterscheibe. Oh nein, der hat mir gerade noch gefehlt! Ich starre auf mein Handy. Er klopft noch mal, mir bleibt nichts anderes übrig, als die Fensterscheibe einen Spalt herunterzukurbeln.

„Ach nee, du schon wieder", keift Herr Polzin. „Eure Sippe versteht es wirklich, ständig gegen Gesetz und Ordnung zu verstoßen. Ihr steht im absoluten Halteverbot. Habt ihr das nicht gesehen?"

Ich zucke mit den Schultern. „Nö, haben wir nicht."

„Macht, dass ihr hier schleunigst wegkommt, sonst rufe ich die Polizei."

„Machen Sie das, Herr Polzin! Und ein schönes Wochenende wünsche ich Ihnen", sage ich und drehe die Fensterscheibe wieder hoch. Polzin starrt mich an, zeigt mit seinem Zeige- und Mittelfinger erst auf seine Augen, dann auf meine und geht langsam weiter.

So ein Kotzbrocken! Ich möchte nicht wissen, was er zu dem Obdachlosen gesagt hat. Von dem ist nämlich nichts mehr zu hören. Zusammengesunken, mit verdrehten Beinen, rundem Rücken und nach vorne hängendem Kopf kauert er stumm auf dem Asphalt. Was ist denn mit dem los? Der war doch eben noch quietschfidel! Ich höre, wie sich jemand an unserem Kofferraum zu schaffen macht. Ein Schatten erscheint an der Fahrertür. Schwer schnaufend lässt Hennig sich auf den Fahrersitz plumpsen.

„Ach, du bist es!", keuche ich erleichtert.

„Wen hast du denn erwartet?", fragt Hennig und schüttelt sich den Regen aus dem Haar. „So, jetzt aber ab nach Hause."

„Noch nicht, Hennig! Siehst du den Obdachlosen da vorne? Ich glaube, dem ist was passiert! Eben hat er noch laut gesungen und nun ist er totenstill", sprudelt es aus mir raus.

Hennig schaut zu dem Mann. „Der ist bestimmt nur eingeschlafen."

„Bei dem Regen?", frage ich ungläubig. „Das kann ich mir nicht vorstellen. Ich glaube, dem ist wirklich was passiert. Herzinfarkt oder Schlaganfall. Lass uns mal gucken gehen. Bitte!"

„Jetzt?"

„Ja klar, jetzt!"

Hennig verzieht genervt das Gesicht. „Och nee, da habe ich jetzt wirklich keine Lust drauf. Danach bin ich endgültig klitschnass. Der ist schon in Ordnung!"

„Bitte, Hennig!"

„Mensch, Amra, ich spüre jetzt schon, dass ich eine Erkältung kriege, und ich will ...", jammert Hennig.

Ich werfe ihm einen strafenden Blick zu. „Ein Herzinfarkt ist wirklich schlimmer als ein Schnupfen."

„Jetzt hör aber auf!" Laut schniefend wischt er sich mit dem Handrücken übers Gesicht. „Da laufen so viele Leute lang ..."

„Aber von denen kümmert sich doch gar keiner um ihn. Los, komm schon!"

Hennig seufzt. „Na gut, du gibst ja sonst keine Ruhe."

Erbärmlich sieht er aus, der Obdachlose. Klitschnass, die Haare am Kopf, die Klamotten am Körper klebend, liegt er regungslos auf dem Bürgersteig. Regentropfen laufen über sein Gesicht. Neben ihm liegen Weinflaschen, eine leere Styroporschachtel, die Reste eines Döners und mittendrin sein Handy. Freddie Mercury ist verstummt.

„Kannst du den mal anfassen?", frage ich Hennig.

Der rümpft die Nase, bückt sich und stupst den Mann an. Nichts passiert. Dann rüttelt Hennig an seiner Schulter. Immer noch nichts. Zum Schluss boxt Hennig ihn unsanft in den Arm und endlich tut sich was. Der Mann grunzt und öffnet langsam die Augen. „He, was soll das?"

„Entschuldigung, geht's Ihnen gut?", erkundigt sich Hennig laut.

„Lass mich in Ruhe!", brummt der Mann.

„Wir wollen nur sichergehen, dass mit Ihnen alles in Ordnung ist!"

„Sie ist wech", nuschelt der Mann. „Einfach wech! Und ich bin wieder allein, allein!"

Hennig nickt. „Alles klar. Liebeskummer. Komm, Amra, dem geht es gut. Der hat einfach nur zu viel gesoffen."

„Sollen wir ihm nicht ein paar Klamotten von dir geben? Seine sind doch total nass und dein Auto ist voll davon", schlage ich vor.

„Meinetwegen, such dir welche raus!"

Ich lege eine Plastiktüte mit einer Jacke und einer Hose neben den schlafenden Mann.

„Was soll das denn?", raunzt mich plötzlich eine Stimme an.

Ich drehe mich um. Ein Junge in moosgrüner Bomberjacke und Basecap steht vor mir. Er ist größer und vermutlich auch ein bisschen älter als ich.

„Was geht dich das an?", sage ich und versuche, dabei so cool wie möglich zu klingen.

Der Junge mustert mich von oben bis unten. „Ne ganze Menge!"

„Ach ja?" Ich stemme die Hände in die Taille. „Was dagegen, dass ich dem Mann etwas Trockenes zum Anziehen hinlege?"

„Der braucht das nicht", blafft der Junge.

„Natürlich braucht der das!"

„Nein!", wütend tritt er gegen die Plastiktüte.

„Sag mal, spinnst du? Lass das sofort sein!", zische ich ihn an.

Der Typ baut sich vor mir auf. „Nimm dein Zeug wieder mit!"

„Warum sollte ich? Du hast mir gar nichts zu sagen. Ich kann machen, was ich will!", triumphierend schau ich ihn an.

„Hast du mich nicht verstanden? Der braucht dein Zeug nicht", knurrt er.

„Und woher willst ausgerechnet du das wissen?"

Die Augen des Typen werden zu schmalen Schlitzen. „Weil ich es eben weiß."

„Sperr doch einfach mal deine Augen auf! Der Typ ist obdachlos. Der hat nur das, was er anhat, und das ist klitschnass", fauche ich den Jungen wütend an. „Du bist so was von kaltherzig!"

„Der Typ ist nicht obdachlos. Der hat ein Zuhause. Der braucht dein Zeug nicht und dein Mitleid erst recht nicht!", erwidert er zornig.

„Die Sachen bleiben da liegen! Kapiert?" Wütend stapfe ich zurück zum Auto.

Ich fühle mich gut. Sehr gut sogar. Bis ich den Jungen sagen höre: „Komm, Papa. Komm bitte mit nach Hause! Du bist schon ganz nass."

Sofort dreht sich alles in meinem Kopf. Was hat der gerade gesagt? Papa??? Der Mann ist sein Vater? Oh Gott, wie schrecklich! Wie betäubt steige ich ins Auto.

Hennig nickt anerkennend. „Weißt du, Amra, ich bin echt stolz auf dich, dass du dich so ..."

„Der Junge da ist sein Sohn", unterbreche ich ihn.

„Sein Sohn?"

„Ja, du hast richtig gehört, und jetzt muss er seinen Vater von der Straße aufsammeln." Mein Magen ist auf einmal total verknotet.

Schweigend beobachten wir, wie der Junge versucht, seinen Vater hochzuziehen. Doch der sackt immer wieder in sich zusammen.

„Komm, Amra, wir helfen ihm!", beschließt Hennig.

„Ach, auf einmal?", fahre ich ihn an. „Ich weiß nicht."

„Komm, stell dich nicht so an, wir fragen, ob wir etwas tun können." Hennig guckt mich entschlossen an.

Und das können wir. Ohne viele Worte zu wechseln, versuchen Hennig und der Junge, den Vater hochzuhieven. Der ist mittlerweile wach geworden.

„Kolja, Kolja ist das Beste, was mir geblieben ist", lallt er und tätschelt dabei unentwegt den Kopf des Jungen. Dem ist es offensichtlich total unangenehm, aber er sagt nichts.

„Dann hören Sie gefälligst auf zu saufen. Sonst ist der auch bald weg", grummelt Hennig. Der Mann schaut ihn mit rot geränderten Augen an und sagt kein Wort.

„Können wir euch nach Hause bringen?", fragt Hennig.

„Nicht nötig. Wir schaffen das schon", sagt Kolja und schaut mir in die Augen.

Und ich? Bin hypnotisiert! Hier im strömenden Regen, in dieser beschissenen Situation fällt mir nichts Besseres ein, als seine schönen braunen, nein zartbitterbraunen Augen zu bewundern. Oh Gott, mein Herz: Bum, bum, bum – von null auf hundertachtzig – Herzattacke.

„Trotzdem, vielen Dank", sagt er und hebt kurz die Hand zum Abschied.

Ich drehe mich schnell um und gehe zurück zum Auto. Ich spüre seine Blicke im Rücken. Mir wird heiß.

„Tschüss", ruft Kolja mir nach.

Sofort drehe ich mich um. „Tschüss!"

„Amra, wo willst du denn hin? Unser Auto steht hier!",

ruft Hennig mir zu.
„Weiß ich selbst." Schnell steige ich ein.
„Der war ja sogar ganz nett, oder?", meint Hennig und startet den Motor.
„Na ja, war schon okay", nuschle ich. Ich muss das jetzt erst mal verdauen.

Ich stehe vor dem Spiegel und betrachte mich: Blaugrüne Augen, kurze Haare, hellblond mit Rotstich, Sommersprossen und Hamsterbäckchen, die am liebsten dann knallrot anlaufen, wenn ich es so gar nicht gebrauchen kann. Alle starren mich dann an und hören gar nicht mehr auf das, was ich zu sagen habe. Noch schlimmer sind die blöden Sprüche: Warum wirst du denn so rot? Ja, warum wohl? Weil meine Blutgefäße sich weiten, du Depp. Ich versuche, dumme Kommentare zu ignorieren. Klappt allerdings nicht immer.
Kolja. Kolja klingt schön. Sehr schön sogar. Zum Glück schlägt mein Herz inzwischen wieder halbwegs normal, doch in meinem Kopf schwirrt er immer noch rum. Diese Augen – so braun, dass sie fast schwarz sind, und mit den längsten Wimpern, die ich je bei einem Jungen gesehen habe. Wie schrecklich das für ihn sein muss, seinen Vater so zu sehen. Wenn ich mir vorstelle, mein Vater läge besoffen und grölend auf der Straße, und alle könnten ihn so sehen, ich würde mich total schämen. Für ihn und für mich. Und gleichzeitig wäre ich wütend auf ihn, dass er sich so hängen lässt und so schwach ist. Und dann würde ich mich wieder schämen, dass ich so über meinen Vater denke, weil ich ihn doch liebe und ihm helfen muss.

05.

Endlich Montag. Ich schließe meine Zimmertür und drehe den Schlüssel vorsichtshalber einmal um. Louise rutscht bereits unruhig auf meinem Bett hin und her.

„Und, was hat Hennig am Samstag gekocht?", will sie wissen.

„Erst haben wir eine tote Oma aus Brandenburg verdrückt und anschließend kleine Nonnenfürzchen aus dem Allgäu genascht", grinse ich.

Louise versteht nur Bahnhof. „Hä? Was soll das denn sein?"

„Läuft unter landestypische Hausmannskost. Zu Pampe gekochte Blut- und Leberwürste mit Kartoffel-Apfelbrei und Schmalzgebäck."

„Oh mein Gott!" Louises verzieht das Gesicht. „Das klingt ja schrecklich! Wie die Sachen, die deine Mutter in China essen muss."

„Da kennst du die aber schlecht. Die isst das freiwillig. Aber eigentlich war es ganz lecker." Ich nehme das Tagebuch aus der Schachtel. „Weiterlesen?"

„Hast du die Tür auch richtig abgeschlossen?"

„Klar!"

24. Juli
Ein paar Tage später ist es passiert. Carlos hat mir keinen Kakao ans Bett gebracht. Ich bin zu ihm rüber, aber er schlief noch. Dachte ich. Ich habe mich angezogen und bevor ich zur Schule bin, bin ich noch mal zu ihm rein. Hab ihn angestupst und gekniffen. Aber er hat sich nicht bewegt. Zuerst dachte ich, es ist ein Spiel. Aber egal, was ich gemacht habe, er ist einfach nicht aufgewacht. Da habe ich Panik gekriegt. Habe Mama angerufen, die ist aber nicht rangegangen. Ein Glück ist mir die 110 eingefallen, die sind dann auch gekommen, haben Schläuche in Carlos reingesteckt, ihn auf einer Trage festgeschnallt, runtergetragen und sind mit Blaulicht weg. Ich durfte nicht mit, einer musste ja bei dir bleiben. Du standest im Flur und hast geweint.

Carlos ist nie mehr aufgewacht. Zwei Wochen lang sind wir jeden Tag ins Krankenhaus, haben uns an sein Bett gesetzt und mit ihm geredet. Ihm Musik aus Kuba vorgespielt. Die Ärzte meinten, kann sein, dass er uns hört. Ich weiß nicht. Er lag einfach nur da. Dann haben sie sein Gehirn gemessen aber da war nichts mehr. Und dann war er tot.

Auf einmal war alles schrecklich.

Die Beerdigung war schrecklich. Wie Carlos in der Erde verschwunden ist. Das Traurigsein war schrecklich. Mama war schrecklich. Früher hatte sie auch getrunken, aber jetzt hat sie sich schon morgens volllaufen lassen. Vollgetankt lag sie in ihrem Bett und hat nichts mehr gecheckt.

Rumkommandieren konnte sie noch: „Nerv nicht!", „Geh Zigaretten kaufen!", „Bring die Kleine weg!"

Ich habe dich dann in die Kita gebracht und bin in die Schule. Wenn wir verschlafen haben, bin ich nicht mehr hin, keinen Bock auf blöde Fragen. Hab die Zeit totgeschlagen und dich nachmittags wieder abgeholt. Nach Hause wollte ich nicht, wegen Mama. Auf dem Spielplatz hingen die Alkis ab, die brauchte ich schon gar nicht. Wir sind oft zum Bahnhof Altona. Haben uns auf eine Bank gesetzt, den Menschen nachgeschaut und ich habe mir Geschichten ausgedacht. Wohin die Leute fahren, wen die treffen wollen, für wen der Blumenstrauß ist oder so. Manchmal sind wir hinterher. Wie Detektive. Checken, ob die Geschichte stimmt. Ich habe dann gehofft, die Bahn fährt einfach weiter. Immer weiter, bis nach Kuba. Ich habe Carlos so sehr vermisst. Jeden Morgen habe ich im Bett darauf gewartet, dass er uns weckt. Aber natürlich kam er nicht. Trotzdem habe ich immer wieder gehofft, dass er doch dasteht. Und alles wie früher ist.

26. Juli
Mama war alles egal. Der Dreck, der leere Kühlschrank, die Rechnungen. All die Sachen, die Carlos Mama geschenkt hatte, waren gar nicht bezahlt. Aber vor allem waren wir ihr egal. Als ob es uns gar nicht gibt. Sie hat die ganze Zeit geheult, und wenn sie nicht geheult hat, hat sie gejammert, und wenn sie nicht gejammert hat, hat sie Pillen geschluckt. Gesoffen hat sie sowieso. Wenn ich die Flaschen ausgekippt habe, ist sie völlig ausgeflippt, hat

rumgeschrien und gedroht, dass sie uns verlässt. Wir sind dann raus. Stundenlang hingen wir draußen rum. Bis sie sich wieder beruhigt hatte. Kann sein, dass sie versucht hat aufzuhören. Aber nicht wirklich. Wenn sie uns Süßigkeiten aus dem Kiosk mitgebracht hat, war klar: Jetzt geht's auf Tour. Manchmal war sie einen ganzen Tag weg. Manchmal länger. Ich hatte keine Ahnung, wo sie dann war. Ihr Handy hatte sie ausgeschaltet.

Wenn sie so richtig dicht war, wurde Mama anhänglich. „Coco, komm kuscheln!", hat sie dann gelallt und neben sich auf das Sofa geklopft. „Ich will mit dir kuscheln." Es war eklig, ihren nach Zigaretten und Bier stinkenden Atem in meinem Gesicht zu spüren. Ich habe sie gehasst, wenn sie so war: besoffen, jämmerlich und stinkend. Ich bin trotzdem zu ihr, habe mich eng neben sie gelegt und versucht, sie zu trösten. „Sei nicht so traurig, Mama! Wenn wir zusammenhalten, wird alles wieder gut." Ich hätte sie so gerne wirklich umarmt. Sie so gerne wirklich gespürt.

Du warst ja auch noch da. Hast nicht verstanden, was abgeht. Aber dass alles schiefläuft, hast du gespürt. Bist nachts wach geworden und hast geweint. Wenn Mama dich hören wollte, dann kam sie. „Sei endlich still", hat sie dich angefaucht und geschüttelt wie einen Salzstreuer mit verstopften Löchern. Wenn ich versucht habe, dich zu beschützen, hat sie das nur noch wütender gemacht. Wir sollen ja nicht glauben, dass wir ihr auf der Nase rumtanzen können. Und dass sie deinen Anblick nicht erträgt, weil du aussiehst wie Carlos. Irgendwann ist sie gar nicht mehr gekommen.

Mathe war schon lange nicht mehr mein Ding. Überhaupt habe ich in der Schule nicht mehr viel gecheckt, war einfach nicht oft genug da. Nur Frau Czerlinski fand meine Aufsätze gut. So fantasievoll. Hat sie jedenfalls gesagt. Ich glaube, die war happy, dass überhaupt einer was geschrieben hat. Die Lehrer wussten nicht, dass Carlos tot war, auf jeden Fall haben sie nichts gesagt. Ich auch nicht. Hab nicht gewusst, wem ich überhaupt was erzählen kann, kannte ja keinen.

Eines Tages wollte die Direktorin mit Mama sprechen. Und mit mir. Mama ist natürlich nicht hin. Da haben sie einen Brief geschickt: Letzte Aufforderung, sonst wären sie gezwungen, unerfreuliche Maßnahmen zu ergreifen. Für mich war nur die Vorstellung unerfreulich, mit Mama bei der Direktorin zu sitzen und dann erzählt sie da irgendeinen Mist. Oder ist breit. Egal wie, es wäre nur richtig peinlich geworden und ich war froh, dass wir es gelassen haben.

30. Juli
Ich hätte wetten können, dass Mama irgendwann das Sparschwein killt. Das Sparschwein auf der Fensterbank. Ich habe darauf gewartet, dass sie es tut. Sie wusste, dass es mir heilig ist. Hat sie aber nicht gemacht. Aber überlegt hat sie bestimmt.

Ich habe es nicht mehr ausgehalten. Ich habe sie angeschrien: „Mama, bitte wach auf! Wir sind auch noch da! Glaubst du, wir sind nicht traurig? Wieso denkst du

immer nur an dich? Warum bist DU nicht gestorben? Hau doch ab und komm nie wieder!" Da ist sie gegangen. Endlich Ruhe.
Fünf Tage war sie wie vom Erdboden verschluckt. Fünf Tage lang hatte ich Angst, dass sie nicht mehr wiederkommt.

Aber sie kam wieder. Ich weiß noch genau den Tag. Ich wollte dich von der Kita abholen, aber du warst schon weg. Mutter hatte dich abgeholt. Das hatte sie schon ewig nicht mehr gemacht, und darum hatte ich gleich ein komisches Gefühl. So schnell ich konnte, bin ich nach Hause. Vor der Haustür roch es verbrannt. Ich habe so gezittert, dass ich den Schlüssel nicht ins Schloss gekriegt habe. Als ich endlich drin war, stand Mama da: Am Herd, strahlte mich an und zeigte auf die Pfanne. „Dein Lieblingsgericht, Rostbratwürstchen mit Spiegelei." Und die Küche war blitzeblank geputzt und auf dem Tisch standen Blumen.
„Wo ist Jasmin?", war das Einzige, was ich wissen wollte. „Drüben in eurem Zimmer. Freust du dich denn überhaupt nicht?"
Die ganze Zeit hatte ich gehofft, dass sie wiederkommt, aber als sie jetzt dastand, wusste ich gar nicht mehr, warum. Ich war so froh, als du mit deinem weißen Teddy im Schlepptau in die Küche geschlurft kamst.

„Ab heute wird sich alles ändern", verkündete Mama als Nächstes. Sie hatte also mal wieder großartige Pläne geschmiedet. Als Erstes mit dem Saufen aufhören und

dann einen Job suchen. Vielleicht wieder bei Horst. Und
dann machen wir alle zusammen Urlaub. Auf einem Pony-
hof. Oder wir fliegen nach Ibiza. Die Geschichte hatte sie
auch Frau Winkler erzählt. Frau Winkler war die Frau vom
Jugendamt. Irgendwie hatte Mutter es noch gecheckt,
dass sie einen Termin mit ihr hat, und sich besonders viel
Mühe gegeben. Mit dem Kochen und dem Putzen. Und
den Plänen. Vielleicht sind wir ihr doch nicht komplett
egal, habe ich gedacht.

Ihre Pläne hielten genau eine Woche. Ich kam nach Hause
und sie lag schnarchend auf dem Sofa, die leere Vodkafla-
sche neben sich auf dem Boden. Sie hatte vergessen, dich
abzuholen. Game over.
Frau Winkler tauchte bald wieder auf. Ich wusste, warum.
Frau Winkler hatte mir alles erklärt, und ich war einverstanden. Mama auch. Es war das Beste. Für uns alle.
Mama wollte einen Entzug machen und dafür musste sie
in eine Klinik. Frau Winkler saß neben ihr auf dem Sofa
und redete ruhig auf sie ein, während Mama ihren Ehe-
ring anstarrte und stumm nickte. Die große Reisetasche
wartete neben ihr auf dem Teppich. Du warst auf meinem Arm, das Gesicht unter meinen Haaren versteckt.
Ich spürte dein kleines Herz. Es schlug so schnell, dass
ich nicht die Schläge zählen konnte. Als Mama dich zum
Abschied auf den Arm nehmen wollte, hast du nach ihr
geschlagen.
„Umarmst du mich wenigstens?", hat sie mich leise
gefragt.
„Mama, du schaffst das! Ich bin mir ganz sicher", habe ich

zurückgeflüstert und sie so doll ich konnte umarmt.
„Ich versuche es. Versprochen!" Sie hat mich angelächelt,
sich umgedreht und ist gegangen. Das war's mit Mama.
Ich habe sie nie mehr wiedergesehen.

1. August
Ich wollte weiterschreiben, ging aber nicht. Weil ich
geheult habe. Kein einziges Mal habe ich geheult seit Carlos tot ist. Nicht mal auf seiner Beerdigung. Aber heute.
Und das wegen einem Gedicht. Das war in einem Buch auf
meinem Tisch.

Du kannst Tränen vergießen, weil er gegangen ist.
Du kannst lächeln, weil er gelebt hat.
Du kannst Deine Augen schließen und beten, dass er wiederkehrt,
Du kannst die Augen öffnen und all das sehen, was er
hinterlassen hat.
Du kannst tun, was er gewollt hätte:
Lächeln, die Augen wieder aufmachen, lieben und leben.

Die paar Sätze haben gereicht.
Auf einmal stand die Büchereifrau mit den schwarzen
Haaren und dem breiten Mund neben mir. Hat mir ein
Taschentuch gegeben und wollte wissen, ob alles in Ordnung ist.
„Und was geht Sie das an?", habe ich gefragt. War nicht
korrekt, aber was hätte ich denn sagen sollen? Ihr mein
Leben erzählen? Sie ist zurück zu ihrem Schreibtisch und
ich rauf zu den Toiletten. Da habe ich weitergeheult. Als

ich wieder runterkam, lag ein Schokobonbon auf meinem Platz. Die Büchereifrau stand mit zwei Kids am Rückgabeautomaten. Hat mir zugelächelt, als sie mich gesehen hat.

Ich bin raus in den Preußenpark, da gehe ich auch oft hin. In der Mitte ist eine Wiese, voll mit bunten Sonnenschirmen, darunter hocken Thaifrauen auf Strohmatten, spielen Karten und verkaufen selbst gemachtes Essen. Hören sich an wie schnatternde Enten, wenn sie reden. Neben den Parkbänken stehen immer ein paar leere Bierflaschen, vom Pfand kaufe ich was bei einer von den Frauen. Richtig lecker schmecken die Sachen von denen. Manchmal halte ich nach Vicky und Josy Ausschau, die wohnen doch um die Ecke. Warum melden die sich nicht mal?

„Amra", aufgeregt fasst Louise mich am Arm, „die Bücherei, das kann nur die Dietrich-Bonhoeffer-Bibliothek sein! Die ist keine fünf Minuten vom Preußenpark entfernt, hat einen Medienraum im Erdgeschoss und die Toiletten sind im ersten Stock. Da müssen wir unbedingt hin!"

Ich schaue auf die Uhr. „Mist, heute schaffen wir das nicht mehr. Was ist mit morgen? Direkt nach der Schule? Vorausgesetzt natürlich, du lässt vorher meinen Arm los!"

Louise grinst und knufft mich in die Seite, dann wird sie wieder ernst. „Als ihr Stiefvater starb, habe ich für einen kurzen Moment gedacht, ich will nicht mehr weiterlesen. Das alles ist so wahnsinnig traurig. Und trotzdem konnte ich nicht aufhören."

„Geht mir genauso. Als er starb, war Coco nur ein bisschen jünger als wir. Stell dir das mal vor!"

„Lieber nicht."

„Erinnerst du dich noch an Berke aus meinem Schauspielkurs?", frage ich und Louise nickt. „Ihre Mutter ist letztes Jahr bei einem Autounfall gestorben. Eine Woche später war Berke wieder bei den Proben. Sie war wie immer, so als wäre nie was gewesen. Sie hat auch nichts gesagt und darum habe ich auch nichts gesagt. Einen Monat später ist sie mit ihrem Vater weggezogen. Ohne ein Wort zu sagen."

„Und hast du noch mal von ihr gehört?"

Ich schüttele den Kopf. „Ich habe oft an Berke gedacht und mir vorgestellt, wie das wohl für sie gewesen sein muss. Morgens geht sie in die Schule, mittags stirbt ihre Mutter, nachmittags kommt sie nach Hause und die Kaffeetasse der Mutter steht noch auf dem Tisch, die Bettwäsche, in der die Mutter eben noch geschlafen hat, liegt zerwühlt auf dem Bett und ihr Geruch schwirrt noch in der Luft. Alles wie immer und doch alles ganz anders. Wie ein ..."

„Amra, hör auf!", fleht Louise mich an.

„Wie ein Kartenhäuschen, das plötzlich in sich zusammenfällt. Und die Trümmer ..."

„Amra, es reicht." Louise beugt sich vor. „Ich will das nicht hören!"

Ich presse die Lippen aufeinander und versuche, die Tränen wegzublinzeln. Berke und Coco teilen das gleiche traurige Schicksal, und wenn ich für Berke schon nichts getan habe, dann will ich wenigstens Coco helfen.

06.

Wir steuern direkt den Medienraum in der Dietrich-Bonhoeffer-Bibliothek an. Hier muss Coco gesessen haben und vielleicht ist sie heute auch da. Wir schauen uns um. Eine ältere Frau liest Zeitung, ein Junge arbeitet am Computer, ein Pärchen steht flüsternd in der Ecke, ein älterer Herr mit Fliege sitzt mit dem Rücken zu uns vor einem leeren, schwarzen Bildschirm. In ihm spiegelt sich sein Gesicht, seine Augen starren zu uns rüber.

„Sie ist nicht da", flüstere ich und schaue dabei verstohlen in seine Richtung. Was glotzt der denn so?

„Kann ich euch helfen?" Eine schwarzhaarige Frau mit breitem Lächeln steht direkt hinter uns. „Die Kinder- und Jugendbuchabteilung ist im 1. Stock."

„Ja, danke, das wissen wir", antwortet Louise und stößt mich unauffällig an. „Aber eigentlich wollen wir zu Ihnen!"

„Zu mir?" Überrascht schaut sie uns an. „Sucht ihr ein bestimmtes Buch oder möchtet ihr einen Lesetipp?"

„Nee, das nicht", antwortet Louise leise. „Wir brauchen eher eine Auskunft von Ihnen, und zwar ganz dringend, aber nicht wegen eines Buches, sondern wegen einer bestimmten Person. Sie heißt Coco."

Die Bibliothekarin runzelt die Stirn. „Aha, und wer soll das sein? Eine Freundin von euch?"

„Jein, also, sie ist nicht wirklich unsere Freundin, aber wir müssen ihr unbedingt etwas geben. Wir haben nämlich ihr Tagebuch gefunden."

„Hier bei uns?", hakt die Frau nach.

„Nein, nicht hier", erklärt Louise. „Aber wir wissen, dass sie öfter hier war, und darum hoffen wir, dass Sie uns helfen können."

„Und womit soll ich euch helfen?"

Louise strahlt die Bibliothekarin an. „Na, mit ihrer Adresse."

„Indem ich euch ihre Adresse gebe?" Ungläubig schaut sie uns an.

„Das wäre perfekt!", sagt Louise.

„Habt ihr schon mal was von Datenschutz gehört? Selbst wenn ich wollte, darf ich keine Privatdaten unserer Nutzerinnen und Nutzer rausgeben. Da kann ich auch bei euch keine Ausnahme machen", erklärt die Bibliothekarin energisch.

„Wissen Sie", Louise schaut sie lächelnd mit ihren großen karamellbraunen Kulleraugen an, „normalerweise würden wir Sie nie um so einen Gefallen bitten, aber in diesem Fall müssen wir es einfach tun. Dieses Tagebuch ist total wichtig für Coco. Verstehen Sie?"

Louise macht das wirklich gut.

„Tja", die Frau legt den Kopf schief und atmet tief ein. „Ich darf euch zwar nicht sagen, wo dieses Mädchen wohnt, aber ich könnte ja mal schauen, wann sie das letzte Mal hier war."

Sie geht zu ihrem Schreibtisch im Vorraum, setzt sich und bittet uns, ihr gegenüber Platz zu nehmen. Ein kleines Namensschild blitzt halb verdeckt unter ihrem sandbeigen Schal hervor. NAZAN HALFAR.

„Also, wie heißt eure Freundin noch mal?"

„Coco. C-O-C-O", betone ich jeden einzelnen Buchstaben.

Frau Halfar fängt an zu tippen. „Und mit Nachnamen?"

„Den wissen wir leider nicht."

„Schade. Nun gut, dann probieren wir es mal nur mit Coco. Ist das denn wirklich ihr richtiger Name?"

„Ja, warum denn nicht?", frage ich.

„Nun ja, es könnte auch eine Abkürzung für Constanze oder Corinna sein", meint Frau Halfar.

„Nein, ganz sicher. Das ist ihr richtiger Name."

„Nun gut. Coco als Vorname ist eher selten, vielleicht haben wir ja Glück." Sie beginnt erneut zu tippen. „Wie alt ist denn eure Coco?"

„Siebzehn oder achtzehn", schätze ich.

Frau Halfar starrt auf den Bildschirm und wir starren Frau Halfar an. Nach einer gefühlten Ewigkeit räuspert sie sich endlich. „Sieht so aus, als ob ihr Glück hättet. Wir haben tatsächlich zwei Cocos in unserem System und eine davon könnte sie sein. Sie ist 17 Jahre alt, wohnt in Schöneberg und ... ach, Moment mal." Sie beugt sich näher zum Bildschirm. „Hier ist noch ein weiterer Eintrag. Das ist ja merkwürdig." Plötzlich steht sie auf. „Entschuldigt mich bitte. Ich bin gleich wieder da."

„Was ist denn mit der los?", wundert sich Louise.

Frau Halfar geht zu ihrer Kollegin. Die beiden unterhalten sich leise, dann endlich kommt sie wieder, nimmt

Platz und lächelt uns zu. „Tut mir leid, das ist nicht eure Coco."

„Und warum sind sie sich da auf einmal so sicher?"

„Weil meine Kollegin dieses junge Mädchen aus Schöneberg kennt, und sie darum ganz bestimmt nicht eure Coco ist."

„Und warum nicht?"

Frau Halfar sieht uns über ihren Bildschirm hinweg an. „Das darf ich euch leider nicht sagen. Seid ihr euch denn sicher, dass die Coco, die ihr sucht, überhaupt bei uns in der Dietrich-Bonhoeffer-Bibliothek war?"

„Ja, ganz sicher. 100 pro!"

„Ich nicht", meint Frau Halfar. „Denn wenn sie hier am Computer saß, dann muss sie einen Bibliotheksausweis besitzen und dann finde ich sie auch in unserem System. Es sei denn, sie hat den Ausweis von jemand anderem benutzt."

„Sie war aber hier, das wissen wir ganz genau." Louise zeigt auf den Medienraum. „Da hat sie immer gesessen. Und einmal haben Sie ihr sogar einen Schokobonbon geschenkt. Weil sie geweint hat. Wegen eines Gedichts."

„Du kannst Tränen vergießen, weil er gegangen ist. Du kannst lächeln, weil er gelebt hat ...", zitiere ich.

„Du kannst tun, was er gewollt hätte: Lächeln, die Augen wieder aufmachen, lieben und leben", beendet Frau Halfar den Vers. „Ein schönes Gedicht! Leider ist der Autor nicht bekannt, aber dafür weiß ich jetzt, wen ihr sucht. Ich wusste nur nicht, dass sie Coco heißt. Eine Zeit lang kam sie fast jeden Tag zu uns. Wenn sie das kleine Mädchen nicht dabeihatte, blieb sie immer hier unten im

Medienraum, lud ihr Handy auf, las am Computer oder schrieb in ein kleines Buch. Das hat mir sehr gefallen. Wer macht das heutzutage noch?"

„Was für ein Mädchen?", frage ich erstaunt.

„Na, die Kleine mit den schwarzen Korkenzieherlocken und der Brille, auf die sie immer aufgepasst hat. Die zwei waren ein Herz und eine Seele, saßen oben auf dem roten Sofa und haben sich stundenlang Bilderbücher angeschaut. Wir haben uns gewundert, wie liebevoll und geduldig sie mit dem kleinen Wirbelwind umgegangen ist." Frau Halfar schüttelt den Kopf. „Ich weiß nicht, ob ich die Nerven gehabt hätte. Mensch, wie hieß die Kleine noch?" Sie trommelt mit den Fingern gegen die Stirn. „Ich habe es gleich. Nicht Jill, auch nicht Joy – sondern Josy!" Frau Halfar strahlt uns an. „Meine Kollegin war schon drauf und dran, diese Coco zu fragen, ob sie nicht bei ihr als Babysitterin arbeiten könnte. Aber dann sind die beiden nicht mehr gekommen."

„Kennen Sie auch eine Vicky?", will ich wissen.

Frau Halfar schüttelt den Kopf. „Nein, der Name sagt mir nichts. Ich kann unmöglich alle unsere Kunden und Kundinnen mit Namen kennen."

„Wann haben Sie denn Coco und Josy zuletzt hier gesehen?", fragt Louise.

„Das ist schon ein paar Wochen her. Ende August vielleicht", schätzt die Bibliothekarin.

Ich ziehe Cocos Tagebuch aus meinem Rucksack und halte es hoch. „Ist das das Buch, in das sie reingeschrieben hat?"

„Puh, das kann ich nicht sagen", seufzt Frau Halfar.

„Aber gerade fällt mir noch etwas ein: Ich habe sie doch noch mal gesehen. Erst habe ich sie gar nicht wiedererkannt, wegen der roten Haare. Das war vor zwei Wochen, am Dienstag. Das weiß ich so genau, weil ich dienstags nach der Arbeit immer zum Volleyball fahre. Es war an der Bushaltestelle am Fehrbelliner Platz. Ich saß schon im Bus und habe gesehen, wie sie sich draußen mit einem jungen Mann gestritten hat. Und zwar so laut, dass alle im Bus es hören konnten. Der wurde sogar handgreiflich, und sie dann auch. Zum Glück sind zwei couragierte junge Männer dazwischengegangen. Ich glaube sogar, dass unser Busfahrer die Polizei alarmiert hat. Ich weiß noch, wie geschockt ich war. Es war schrecklich. Wisst ihr, ich hatte dieses Mädchen als sehr ruhig, ausgeglichen und freundlich wahrgenommen, und plötzlich war sie wie ausgewechselt."

„Frau Halfar, sind Sie so liebenswürdig und rufen mir ein Taxi?" Der ältere Herr aus dem Medienraum kommt direkt auf uns zu. In der Hand einen Stock und am Revers einen gelben Sticker mit drei schwarzen Punkten.

„Natürlich, Herr Dr. Staudenherz. Ist Ihr Hörbuch schon zu Ende? Wenn Sie sich noch eine Minute gedulden, dann begleite ich Sie zum Taxi."

„Selbstverständlich Frau Halfar. Ich zitiere da gerne Maestro Strawinsky, der sagte: ‚Ich habe keine Zeit, mich zu beeilen.'"

„Wenn ihr möchtet", Frau Halfar reicht uns einen Zettel, „könnt ihr mir eure Telefonnummer dalassen. Falls das Mädchen noch mal kommt, werde ich sie ihr auf jeden Fall geben."

Der Doktor räuspert sich und hebt den Zeigefinger: „Und um mit den Worten Wilhelm Buschs zu schließen: ‚Wer was Gutes bekommt, der bedankt sich auch.'"
„Vielen Dank, Frau Halfar, das ist wirklich sehr nett von Ihnen", sagt Louise und strahlt ihn an.
„Der ist blind", flüstere ich ihr zu.
„Blind, aber nicht taub, junges Fräulein." Lächelnd hakt er sich bei Frau Halfar unter und gemeinsam verlassen sie die Bibliothek.

Wir müssen weiterlesen. Es gibt einfach zu viele Fragen, auf die wir keine Antworten haben. Wer sind diese Vicky und Josy? Und was haben sie mit Coco zu tun? Und mit wem hat sie sich geprügelt, kurz nachdem sie bei uns geduscht hat? Und warum?

3. August
Mama ist in die Klinik und uns haben sie getrennt. Für dich Pflegeeltern. Einen Jungen hatten die schon, jetzt sollte es ein kleines, süßes Mädchen sein. Da war kein Platz für mich. Egal. Wäre auch nicht gut gegangen. Geschenkt. Sollte außerdem nur für kurz sein – bis es Mama wieder besser geht. Mich haben sie in eine Wohngruppe gesteckt. Damit ich wieder lerne, Kind zu sein, meinte Frau Winkler. Ich hätte sie mal fragen sollen, was sie damit meint.

Ich bin in Schafhövede gelandet. Und wie sich das anhört,

so war es da auch. Nur mehr Kühe als Schafe. Endlose Wiesen, eine Straße, siebzehn rote Backsteinhäuser und eine Bushalte. Das wars. Ich hatte keine Ahnung, was ich da sollte. Wir waren sechs in meiner Gruppe, alles Mädchen zwischen neun und vierzehn. Alle mit Eltern, die es nicht auf die Reihe gekriegt haben. Am beschissensten war Selina dran. Seit sie zwei war, ist ihr Stiefvater zu ihr ins Bett gekrabbelt und hat an ihr rumgefummelt. Und die Mutter hat das Maul gehalten. So einen Dreck darf ich dir gar nicht erzählen.

Weil ich die Älteste war, hatte ich ein Zimmer für mich. Immerhin. Sonntags gab es Taschengeld. Und die Betreuer waren die Chefs. Sind total auf Regeln abgefahren. Für jeden Scheiß eine. Kein Handy beim Essen, keine Musik nach 21 Uhr, nicht auf dem Zimmer rauchen und so weiter. Deswegen gabs dauernd Stress. Und mit einem quatschen wollten sie dauernd. Haben einem alles aus der Nase gezogen. Eigentlich wollten alle wieder nach Hause. Wie bei Familientausch. Ich hatte aber keins mehr. Ich habe dich vermisst. Nachts. Einfach, dass du neben mir liegst und da bist.

Zum Geburtstag hat Mama mir eine Postkarte geschickt. Die erste ever. Vorne eine Katze mit dickem gelbem Schal drauf, die hat geschnurrt: „Miau, ich vermisse Dich!" Geschrieben hat sie: „Ist die nicht süß? Ich musste gleich an dich denken. Meine liebe, große, starke Tochter, ich werde dich immer lieben, deine Mama." Ich habe mich soo gefreut und ihr dann auch Karten geschickt. Das war

voll die Aktion, in Schafhövede an Postkarten zu kommen. Erst bin ich mit dem Bus ins Einkaufszentrum, da war ein Kiosk. Als ich da alle durchhatte, habe ich selber welche gebastelt. Mit Glitzer und so. Jeden dritten Tag habe ich Mama eine geschickt. Bis zu dem Tag, als Frau Winkler in meinem Zimmer stand.
Mama hatte den Entzug abgebrochen und war verschwunden. Hat mich nicht gewundert, kannte ich ja. Die würde schon wieder auftauchen. Aber Frau Winkler meinte, dass sie schon eine Weile weg sei, zusammen mit ihrem neuen Freund – sie vermuten in Tunesien.
„Wie lange denn?", wollte ich wissen.
„Seit zwei Monaten."
Frau Winkler nahm mich in den Arm. Zack. Mama hatte sich verpisst. Einfach so. Aus die Maus. 21 Postkarten ins Nichts. Das konnte nicht sein. War aber so. Das werde ich ihr nicht verzeihen. Frau Winkler meinte noch, dass es dir gut geht und dass du dich ganz toll entwickelst. Ob ich nicht Lust hätte, dich mal zu besuchen? Was sollte das bringen? Wollte ich nicht.

Das Gequatsche der Betreuer hatte ich so was von satt. Ich wollte nicht reden. Es gab nichts zu sagen. Schafhövede war Endstation. Vollkommen tot. Der Bus fuhr fünfmal am Tag, der letzte zurück vom Jugendzentrum um halb sieben. Zum Vergessen. Mit den anderen gab's dauernd Stress. Wegen Klauen, Lügen, Dissen. In der Schule genauso, die Dorfkids dachten, sie sind was Besseres. Aber ich habe durchgehalten. Hauptschulabschluss! Den wollte ich auf keinen Fall verkacken. Mit ist auf jeden Fall besser.

5. August
Nach der Schule haben sie mich ins nächste Wohnprojekt gesteckt. Dreißig Kilometer von Schafhövede weg, aber genauso lost. Ich sollte mich entscheiden, was ich machen will. Als Beruf. Schule war ja vorbei. Ich hatte keine Ahnung, dann wollte ich was mit Tieren machen. Zum Beispiel Tierarzthelferin. Das ist eine Art Krankenschwester für Kühe. Ein paar Käffer weiter gab es einen Tierarzt, der hat eine gesucht. Mit dem Bewerbungsschreiben habe ich mir voll Mühe gegeben und dann hatte ich das Vorstellungsgespräch. Das hatte ich die ganze Woche mit den Betreuern geübt. Ich hatte ein gutes Gefühl. Der Typ nicht, der hat nicht mal gesagt, was ihm nicht gepasst hat. Stattdessen bin ich im Altersheim gelandet. Omas und Opas anziehen, ausziehen, waschen, rasieren, Arsch abwischen, Windeln wechseln. Krass. Das volle Elend.

Aber ich hatte nicht mit Frau Dinslaken gerechnet. Frau Dinslaken war fünfundsiebzig und lebte schon seit Jahren in dem Heim. Sie hatte keinen Mann, keine Kinder und keine Freunde. Sie lebte von jetzt auf gleich. Sie hat nicht mehr gecheckt, dass der Tag vierundzwanzig Stunden und die Woche sieben Tage hat. Für sie war jeder Tag ein neuer Tag, an dem sie in ihrem Lehnstuhl saß und den kleinen Vogelkasten an ihrem Fenster beobachtete. Das Radio dudelte unaufhörlich. Das musste so sein. Ich war oft bei ihr. Sie freute sich, wenn jemand kam und mit ihr sprach. Mal hielt sie mich für ihre Mutter, mal für eine Schulfreundin und manchmal für ihre Tochter. Obwohl sie gar keine hatte. Coco war ich jedenfalls nie. Das gefiel mir.

Frau Dinslaken ist nie raus aus ihrem Zimmer, sie mochte keine Veränderungen. Für sie war die Welt vierzehn Quadratmeter groß und schön.

*Bis zu diesem einen Tag, als sie völlig neben der Spur war. Sie saß wie immer in ihrem Lehnstuhl. Auf dem Schoß ihr selbst genähtes Blumenkissen aus der alten Welt. Der Reißverschluss war geöffnet und Frau Dinslaken hielt ein Bündel Geldscheine in der Hand. Mit großen Augen starrte sie mich an: „Was ist das? Ich will das nicht. Das soll nicht in meinem Kissen sein. Schmeiß das weg!", wimmerte sie. Ich habe das Geldbündel genommen und im Papierkorb versenkt. Sofort entspannte sich Frau Dinslakens Gesicht. Sie zog den Reißverschluss zu, legte sich das Kissen wieder auf den Schoß und schaute zum Vogelkasten. Dann fing sie leise an zu singen. „Wo die Weser einen großen Bogen macht, da ist meine Heimat, da bin ich zu Hause ..."
Ich habe mitgesungen. Glücklich schaute sie mich an und ich drückte ihre Hand. Ich wusste, was zu tun war: Eigeninitiative entwickeln, Verantwortung übernehmen, die eigenen Stärken erkennen und nutzen. Das sollten wir im Wohnprojekt lernen, und das habe ich gemacht. Abflug. Mit den 1.375 Euro aus dem Papierkorb in der Tasche. Raus aus'm Dorf und ab zu Nessa nach Berlin. Nessa kannte ich aus dem Jugendzentrum. Die hatte sich schon verpisst.*

8. August
Ich also weg aus Schafhövede und nach Berlin, Nessa hat mich am Busbahnhof abgeholt. Ich stand da schon ewig

rum und dachte, sie hätte mich vergessen. Aber dann ist sie doch aufgelaufen. Ich schwöre, ich hätte sie um ein Haar nicht erkannt. Sie sah super aus. Voll gestylt. Sie hat sich mega gefreut und ich mich auch. Ihr Typ hatte sie gebracht. Karim. Der wartete in seinem fetten BMW auf uns. Schwarz. Getönte Scheiben. Wir sind kurz zu ihr, die Sachen weggebracht. Und dann ab in die Nacht. Abfeiern. Karim hat immer bezahlt. Ich stand komplett neben mir. Aufgewacht. Freiheit. Endlich.

In ein paar Wochen habe ich mehr Leute kennengelernt als Schafhövede Einwohner hat. Geschlafen habe ich in Nessas Wohnung im Wedding. Sie war sowieso fast nie da, hing immer bei Karim ab. Wenn die beiden los sind, haben sie mich mitgenommen. Am Anfang habe ich null gecheckt, was läuft, aber Nessa hat mir alles erklärt: die Clubs, die Pillen, die Typen, wer mit wem, wer auf was und auf wen steht.

Am Anfang hatten Nessa und ich krass Spaß. Doch dann kippte es. Mit den Klamotten fing es an. Nessa wollte unbedingt, dass ich mich anders style. Coolere Klamotten. Make-up. Sexy. Das hatte ihr garantiert Karim gesteckt. Und sie hat nicht eingesehen, dass ich nicht auf Drogen stehe. Wo das Problem wäre? Und wenn sie doch mal zu Hause war, dann sollte ich sie bedienen. Sie wollte über mich bestimmen.

Richtig geknallt hat es an ihrem Geburtstag im CUPE. Karim hatte ihr ein superteures weißes Kleid geschenkt.

Gucci. Sie sah mega sexy darin aus. Ultrakurz das Teil, gerade so, dass man ihren Hintern nicht sehen konnte. Wenn sie sich streckte, öffneten sich die mit Pailletten bestickten Schlitze am Busen. Karim war begeistert. Wie eine Trophäe hat er sie auf dem Tisch abgestellt und wenn er einem zugenickt hat, durfte der sie begrapschen. Nessa war komplett high. Räkelte sich wie eine Katze auf dem Spiegeltisch, spielte mit ihrer Zunge und machte alle heiß. Und Karim stolz. Den Typen lief der Sabber aus den Mundwinkeln.
Ich stand daneben und hätte kotzen können. Es war so ekelig. Habe ich ihr auch gesagt. Sie ist total ausgeflippt, hat rumgeschrien und getobt. „Falsche Bitch, lass deine Krallen von Karim." Sie hat's nicht kapiert. Nessa ist extrem. War sie schon immer. Rastet einfach aus. Wegen irgendwas, egal. Vor allem, wenn sie sich was reingezogen hatte. Einmal hat sie sich eine Zigarette auf dem Arm ausgedrückt. Einfach so. Ohne mit der Wimper zu zucken. Irgendwann ist sie auf mich losgegangen. Weil ich ihren Lippenstift benutzt hatte. Wie eine Wahnsinnige hat sie um sich geschlagen, gekratzt und gebissen. Ich bin abgehauen. Sie hat mich angerufen, rumgeheult und gebettelt, dass ich zurückkomme. Hab ich gemacht. Ging nicht gut, ich bin dann zu Mila.

Ich kann dir das alles unmöglich schreiben. Das weiß ich schon die ganze Zeit. Dieser Mist hat nichts mit dir zu tun. Dafür bist du viel zu jung, das macht dir nur Angst. Wann ist man eigentlich alt genug für so was? Sieht so aus, dass ich es bin.

9. August
Ich habe überlegt: Ich schreibe trotzdem weiter. Wenn nicht für dich, dann eben für mich. Ich mache das gerne.

Ein paar Tage später hat sich Karim gemeldet, wollte hören, wie es mir geht. Er hätte sich umgehört, wäre möglich, dass er mir ein Zimmer organisiert, und wenn ich will, kann ich in einem Club für ihn arbeiten.
„Und was soll ich da machen?", hab ich ihn gefragt.
„Das hängt von dir ab. Putzen sollst du nicht. Du hast mehr drauf."
Und dann hat er mir Komplimente gemacht. Ich sei was Besonderes, nicht so wie die anderen. Hätte was auf dem Kasten, das hätte er gleich gemerkt. Er war richtig süß. Misstrauisch war ich trotzdem.
„Also, was?"
„Einfach ein bisschen nett zu den Gästen sein. An der Bar. Du hast Qualitäten. Du kannst es weit bringen."
„Dir ist schon klar, dass ich erst siebzehn bin?"
„Siehst aber älter aus."
„Und wohin soll ich's deiner Meinung nach bringen?"
Dann hat er von Geld angefangen, was ich alles damit anstellen kann, und von den coolen Typen, die ich kennenlernen würde. Aber Karim konnte reden, wie er wollte, ich hatte ein schlechtes Gefühl.
„Tut mir echt leid, Karim. Ehrlich. Ist nicht meins."
Und er: „Warte ab, Kleines. Wird schon."

21. August
Karim hat nicht lockergelassen, ich also eine neue SIM-

Karte besorgt. Und ein neues Bett. Bei Mila ging es nur für ein paar Tage, aber sie hat mir die Nummer von Felix gegeben. Felix ist der Beschaffer. Egal, was du brauchst, er besorgt es. Für mich als Erstes ein BVG-Schülerticket. 12. Klasse Gymnasium! Mit Passbild. Ich liebe es, in der S-Bahn kontrolliert zu werden. Auch Übernachtungen. Über Felix habe ich Vicky kennengelernt. Vicky wohnt mit ihrer kleinen Tochter Josy beim Preußenpark einmal über die Straße. Im Erdgeschoss vom Hinterhaus hat sie ein Zimmer mit Küche. Wenn sie Kohle braucht, vermietet sie das Sofa in der Küche für einen Zehner die Nacht. Felix besorgt ihr die Leute.

Wir drei waren sofort ein super Team. Josy ist gleich auf mich zugerannt und hat mich nicht mehr losgelassen. Ich sie auch nicht. Manchmal ist sie zu mir unter die Decke gekrabbelt. Wie du. Alles hat gepasst. Vicky hatte gerade eine Ausbildung zur Sozialassistentin gestartet und deshalb habe ich ihren Putzjob bei Professor Oberschlau im Vorderhaus übernommen. Und wenn Vicky es nicht geschafft hat, habe ich Josy von der Kita abgeholt und wir haben was unternommen. Da musste ich Vicky auch nichts mehr fürs Sofa bezahlen.

Und dann taucht dieser Schwachmat Nico auf und macht auf große Liebe. In Wahrheit hat er Vicky einfach nur ausgenutzt. Der war froh über ein warmes Bett und einen vollen Kühlschrank und dann hat er angefangen, Chef zu spielen. Vicky hat's einfach nicht geschnallt, sie hat gemacht, was er wollte.

Irgendwann kam ich nachts nach Hause. Mein Rucksack stand vor der Tür, mit einem Zettel dran: „Das war's für dich. Kein Platz. Verschwinde!" „Sorry", hatte Vicky unten draufgekritzelt. Ich konnte es nicht fassen, hab Alarm geklingelt, aber es hat keiner aufgemacht. Ich bin hinten in den Hof und habe ans Küchenfenster gehämmert, als plötzlich Nico hinter mir stand.
„Verpiss dich, oder ich ruf die Bullen", hat er gedroht.
„Passt, die nehmen dich gleich mit", meinte ich nur.
Kam nicht gut. Der hat mir richtig eine verpasst. Voll ins Gesicht.
Ich habe es noch geschafft, meinen Rucksack zu schnappen, und bin rüber in den Park. Vorbei an dem Durchgeknallten, der da immer in seinem Einkaufswagen pennt. Es hat in Strömen geregnet. Das waren die Tränen von Carlos, die er im Himmel vergießt, wegen dem ganzen Elend hier unten. Meine erste Nacht draußen. Auf einer Parkbank. Es ist immer derselbe Scheiß: Kaum ist alles gut, ist es auch schon wieder vorbei.

„Puuh", schnaubt Louise. „Das ist ja heftig. Die arme Coco. Einfach vor die Tür gesetzt. Ich weiß gar nicht, was ich sagen soll. Da schmeißt der Typ Coco aus der Wohnung, die noch nicht mal seine eigene ist, und was macht diese Vicky? Hält die Klappe und steht auch noch hinterm Fenster und guckt zu, wie ihre Freundin verprügelt wird. Mein Gott, wie kann die bloß mit so einem ätzenden Typen zusammen sein? Ist die denn total verblendet?"

Wütend schaut Louise mich an. „Sag mal, findest du das eigentlich nicht schlimm?"

„Natürlich finde ich das schlimm", antworte ich.

„Und warum sagst du dann nichts?" Louise redet sich in Rage.

„Weil ..."

„Weil was?"

Ich atme hörbar aus. „Weil ich das Ganze erst einmal verdauen muss."

„Was gibt es denn da zu verdauen? Das ist einfach allerunterste Schublade", motzt Louise.

„Ja klar, keine Frage", versuche ich, sie zu beschwichtigen. „Es ist nur so, ich habe einfach nicht damit gerechnet, dass ..."

„Dass was?"

„Dass in Cocos Tagebuch so viele schreckliche Sachen drinstehen."

„Nicht dein Ernst? Das war doch spätestens nach ein paar Seiten klar", antwortet Louise gereizt.

Ich ziehe die Schultern hoch. „Ja schon, nur dass Coco es nicht für uns geschrieben hat und wir trotzdem alles aus ihrem Leben erfahren. Das ist irgendwie komisch, so als würden wir in fremden Schubläden schnüffeln und dann Dinge finden, die wir gar nicht finden sollen und eigentlich auch nicht finden wollten."

„Ach, und das fällt dir ein, nachdem wir die Hälfte gelesen haben?", blafft Louise. „Ganz ehrlich, dann darfst du gar nicht erst anfangen, in fremden Schubläden zu wühlen."

Wütend starrt Louise mich an. „Während du hier plötzlich Gewissensbisse bekommst, braucht Coco vielleicht unsere Hilfe. Im Park hat nämlich ein Psychopath auf sie gelauert. Schon vergessen?"

„Der hat nicht auf sie gelauert, hier steht: ‚... bin rüber in den Park. Vorbei an dem Durchgeknallten, der da immer ...'"

„Ob jetzt ein Psycho, Verrückter oder Durchgeknallter auf sie gewartet hat, ist doch vollkommen wurscht! Sei doch nicht so kleinkariert!", unterbricht Louise mich unwirsch. „Was glaubst du denn, was so einer nachts im Park macht?"

„Kannst du mich bitte ausreden lassen?", versuche ich beherrscht zu bleiben.

„Nee, dafür haben wir jetzt keine Zeit. Ich will jetzt weiterlesen."

„Ich aber nicht!" Ich verschränke die Arme.

Louise schnappt nach Luft. „Ach, und weil du nicht weiterlesen willst, hören wir jetzt auf? Weil du die Chefin bist?"

„Wir haben doch abgemacht, nur so lange zu lesen, bis ..."

„... bis sie tot ist, oder was?" Louises Stimme bebt vor Wut. Ihre Augen funkeln mich an. „Das ist jetzt nicht dein Ernst?"

Ich muss unweigerlich grinsen. „Na ja, eine Tote hat auf jeden Fall nicht bei uns geduscht."

Drei Sekunden später schäumt es aus Louise raus: „Du bist so verdammt pedantisch und besserwisserisch! Aber im Gegensatz zu dir mache ich mir große Sorgen um Coco. Mir geht das nämlich nah, sehr nah sogar!" Jetzt heult sie auch noch vor Wut.

„Was soll das denn heißen? Glaubst du, mir geht das am Arsch vorbei? Glaubst du ernsthaft, ich mache mir keine Sorgen? Aber im Gegensatz zu dir habe ich Respekt vor ihrem Tagebuch. Du weißt genau, was wir abgemacht haben. Wir lesen nur so lange, bis wir einen Hinweis haben. Und hier", ich klopfe mit dem Zeigefinger auf das Tagebuch, „sind so viele Hinweise drin, dass wir lieber damit anfangen sollten, die zu checken, statt weiter in ihrem Leben rumzuschnüffeln."

Tränen blitzen erneut in Louises Augen auf. „Ach, so ist das? Du glaubst also, ich würde ..."

„Ja. Nein. Ach man, Scheiße!" Ich schleudere das Buch auf den Boden. „Ich weiß es doch auch nicht."

Louise steht abrupt auf.

„Wo willst du hin?"

„Nach Hause." Sie bückt sich. „Und das nehme ich mit."

Entsetzt springe ich auch auf. „Spinnst du? Du kannst doch nicht mein Buch mitnehmen!"

„Dein Buch?", zischt Louise.

„Ja. Meins. Immerhin hat Coco es bei uns liegen gelassen. Schon vergessen?"

„Ach ja, ich dachte es gehört Coco?" An der Tür dreht sie sich noch mal um und knallt das Buch auf den Tisch. „Hier! Vergiss nicht, es schön wieder in die braune Kiste zu legen und in die richtige Schublade zu schieben. Sonst verstaubt es noch." Rumms. Die Tür ist zu.

„Rot, ziegelrot!", schreie ich ihr hinterher. „Besser hier als in deinem Schweinestall. Pacta sunt servanda! Aber mit Latein hast du es ja nicht so. Verträge muss man einhalten."

Blöde Kuh. Mir vorzuwerfen, ich wäre pedantisch und gefühlskalt, und selber abgehen wie ein Schnellkochtopf. Die hat überhaupt nichts gerafft! So habe ich Louise noch nie erlebt. Und das alles nur wegen diesem blöden Tagebuch. Wir hätten gar nicht erst anfangen sollen, darin zu lesen. Jetzt haben wir den Schlamassel. Stecken mitten drin im Leben von jemandem, den wir gar nicht kennen und unter normalen Umständen auch nie kennengelernt hätten. Und das alles wegen meiner Mutter und ihrem sozialen Tick. Hätte sie Coco nicht zum Duschen eingeladen, hätten wir nicht drin gelesen und hätten uns nicht gestritten. Hätte, hätte, Fahrradpumpe. Scheiße!

Das blöde Buch liegt wie auf einem Präsentierteller vor mir auf dem Tisch. Wenn ich wollte, könnte ich weiterlesen. Mache ich natürlich nicht, wegen der Abmachung. Gilt die überhaupt noch? Ich schiebe es zur Seite und fange an, meine Stifte zu sortieren: kanariengrün – nebelgrün – gurkengrün. Das kann ich stundenlang machen: Kappe ab, prüfen – trocken oder feucht? –, Kappe wieder drauf, wegschmeißen oder einsortieren. Ich mag es, wenn meine 1297 Filzstifte einwandfrei funktionieren und farblich geordnet in den dafür vorgesehenen transparenten Boxen stehen. Von denen habe ich vierunddreißig, aufgereiht stehen sie auf dem Regalbrett über meinem Schreibtisch. Das sieht super aus, aber vor allem beruhigt es mich. Was mich gleichzeitig wiederum beunruhigt, denn wer freut sich schon über farblich sortierte Stifte in einem gut durchdachten Ablagesystem? Am allerwenigsten Louise. Bei der muss man sich den Weg freischaufeln, wenn man zu ihrem Bett will.

Was sie wohl gerade macht? Beim Tischtennistraining kann sie nicht sein. Ist vorübergehend gestrichen, ihrer Mutter ist nämlich der Kragen geplatzt. Eigentlich ist Kathrin ganz locker, aber wenn sie Stress hat, und den hat sie gerade, dann kommen eine Fünf in Latein, ein Anruf vom Klassenlehrer und Louises Chaos gar nicht gut bei ihr an. Und dann auch noch unser Streit. Ganz schlechtes Timing. Wir sind beide aufbrausend, aber Louise ist zum Glück nicht nachtragend. Eigentlich. Vielleicht habe ich doch ein bisschen übertrieben?

Das Tagebuch ist hübsch. Wolkenrosa mit einem silbernen Pferdekopf und einem schwarzen Gummiband. Fast alle Seiten sind mit schwarzem Stift sauber und akkurat beschrieben. Warum holt Coco es nicht bei uns ab? Ob sie überhaupt noch in Berlin ist? Wenn, dann bestimmt irgendwo in der Nähe vom Preußenpark. Alle Hinweise, die wir bisher haben, drehen sich um diesen Park: Vickys Wohnung, die Bibliothek, der Verrückte, der Fehrbelliner Platz, wo Frau Halfar die Schlägerei beobachtet hat. Wenn wir Coco finden wollen, müssen wir dort weitersuchen. Ich weiß auch schon, wie!

Ich muss sofort mit Louise sprechen. Nach dem dritten Freizeichen meldet sie sich endlich.

„Louise, es tut mir leid!", komme ich gleich zur Sache.

„Mir auch! War alles ein bisschen viel."

„Sollen wir lieber aufhören?"

„Zu lesen?", fragt Louise verblüfft.

„Nein, zu streiten natürlich!"

„Ja klar! Pack schlägt sich. Pack verträgt sich."
„Sagt Oma Hertha auch immer", erwidere ich erleichtert.
„Weiß ich doch!" Louise fängt an zu lachen, so schön und hingebungsvoll, dass ich einfach mitlachen muss.

07.

Wir laufen durch den Preußenpark und kleben Suchzettel an die Parkbänke. ‚Wem gehört dieses Buch?' Darunter ein Foto vom Tagebuch und meine Telefonnummer. Zwei Suchzettel geben wir noch in der Bibliothek ab, ein paar hängen wir am Fehrbelliner Platz auf und ein paar auf dem Weg dorthin. Vier Tage wollen wir warten. Wenn Coco sich bis dahin nicht gemeldet hat, lesen wir weiter.

„Amra, komm mal schnell. Wir sind nicht die Einzigen!", ruft Louise und zeigt auf einen Din-A4-Zettel: VERMISST!

Darunter ein Schwarz-Weiß-Foto von einem Mädchen. „Und, ist sie das?"

Ich schüttele den Kopf. „Schwer zu sagen. Das Foto ist so verpixelt und dann noch der schwarze Balken auf den Augen."

Louise liest vor: „Vermisst wird die sechzehnjährige Constancia aus Thüringen. Constancia hielt sich anlässlich eines TV-Castings in Berlin auf, zuletzt wurde sie am 14. Oktober gegen 18 Uhr in der U-Bahn-Station Fehrbelliner Platz gesehen. Seitdem fehlt jegliche Spur von ihr. Constancia ist 1,65 Meter groß, hat eine schlanke Statur, braune Augen und rot gefärbtes, mittellanges Haar. Auffallend ist eine große Zahnlücke zwischen ihren Schneidezähnen. Zum Zeitpunkt ihres Verschwindens trug sie eine schwarze Lederjacke und Schnürboots in Regenbogenfarben. Sachdienliche Hinweise nimmt jede Polizeidienststelle entgegen."

„Das ist sie!", jubelt Louise

Ich schüttele den Kopf. „Nein, ist sie nicht."

„Wie kannst du dir da so sicher sein?"

„Weil Coco keine Zahnlücke hat."

„Woher willst du das denn wissen?"

„Weil ich die gesehen hätte." Ich rolle mit den Augen.

„Wann?" Louise starrt mich verständnislos an.

„Na, als sie bei uns geduscht hat", erkläre ich. „Da habe ich mich noch gewundert, dass sie so tolle Zähne hat."

„Mist, wäre wohl auch zu einfach gewesen, wenn Coco Constancia gewesen wäre", sagt Louise enttäuscht. „Wo die jetzt wohl steckt?"

„Wer? Constancia oder Coco?"

„Beide!"

„Ist vielleicht gar nicht so schwer rauszukriegen", überlege ich laut.

Louise schaut mich verständnislos an.

„Na ja, wir müssen nur mit der Polizei reden!"

„Und nach Coco fragen?"

„Nein, natürlich nicht", erwidere ich. „Zumindest nicht direkt. Wir wissen ja noch nicht einmal, ob Coco vermisst wird."

„Und ob sie überhaupt gesucht werden will", fügt Louise hinzu.

„Trotzdem können wir doch die Polizei fragen, ob Constancia wieder aufgetaucht ist? Und was sie unternehmen, wenn jemand vermisst wird? Du weißt schon, so, wie wir auch ein Interview für die CHARLY_19 führen würden."

Louise schaut mich mit großen Augen an. „Wieso würden? Das ist es, genau das machen wir!", ruft sie begeistert. „Wir schreiben eine Reportage über Ausreißer. Endlich mal keine verstopften Klos. Überleg doch mal! Coco ist siebzehn. Sie könnte auf unsere Schule gehen. Vielleicht ist bei uns auch schon mal einer abgehauen oder es gibt eine, die es vorhat!"

„Und", ich hebe den Finger, „eine Reportage wäre nicht nur der perfekte Anlass, um mit der Polizei zu sprechen, sondern auch mit Organisationen, die sich um Ausreißer kümmern. Die gibt's bestimmt und die wissen garantiert, wo sich Ausreißer aufhalten. Und mit den ganzen Infos haben wir vielleicht eine Chance, Coco zu finden." Ich ziehe mein Handy aus der Tasche und mache ein Foto von der Vermisstenanzeige. Ganz unten stehen die Kontaktdaten der Polizei. Wenn ich zu Hause bin, werde ich sofort dort ...

„Du, Amra, dreh dich mal unauffällig um! Siehst du den alten Typen da auf der Bank?"

„Den mit der Thermoskanne?"

Louise nickt. „Ja, der beobachtet uns schon die ganze Zeit. Vorhin ist er sogar aufgestanden und hat ein Foto von unserem Suchzettel gemacht."

„Sieht aus wie ein Wachmann", erwidere ich. „Die sind doch immer neugierig. Berufsbedingt. Komm, lass uns weitergehen! Wir müssen noch zur Bibliothek."

Bis auf ein paar Hundebesitzer und eine Gruppe von Jungs, die im Halbdunkel Fußball spielen, ist es leer geworden im Park.

„Wollen wir morgen Schlittschuhlaufen gehen?", fragt Louise unvermittelt. „Paul ist vielleicht auch da."

„Welcher Paul?", frage ich scheinheilig.

„Tu doch nicht so", grinst Louise.

Es kommt natürlich nur einer infrage. Unser Hockeytrainer. Blond, wahnsinnig gut aussehend und der Schwarm der halben Mannschaft. Wobei ich definitiv zur anderen Hälfte gehöre.

„Ich werde auf alle Fälle meine neue rote Winterjacke anziehen", sprudelt Louise heraus. „Du weißt schon, die mit dem Fellkragen, auch wenn die noch ..." Sie stockt. „Amra, was ist denn?"

„Hast du das auch gehört?", flüstere ich.

Louise flüstert zurück: „Was denn?"

„Da redet doch jemand."

„Das sind die Jungs."

„Nein, die doch nicht. Hör mal!", wispere ich eindringlich. „Kaiser, Samuel 88 77 89 01. Kaiser, Sandra 23 49 67 89. Kaiser, Saskia u. Volker 67 83 95 62 ..."

„Das kommt von da." Ich zeige zur Straße.

„Oh my gosh!" Louise hält sich die Hand vor den Mund.

Mitten im Gebüsch sitzt ein Mann in einem Einkaufswagen. Er trägt einen weißen Overall, weiße Fingerhandschuhe und weiße Schuhüberzieher. Sein Gesicht ist zur Hälfte von einer Kapuze bedeckt. Er sieht aus wie einer von der Spurensicherung im Fernsehen. Allerdings hat er ein dickes gelbes Telefonbuch in der Hand, an dem eine kleine Leselampe klemmt. Langsam und konzentriert fährt er mit dem Zeigefinger die Zeilen ab. „Kaiser, Serhan 37 68 49 67, Kaiser, Sibylle 67 89 56 45 ..."

Wir sehen uns an. Der Durchgeknallte!

„Entschuldigung, hallo, Sie da? Dürfen wir Sie mal was fragen?", rufe ich und gehe auf ihn zu. „Kennen Sie Coco?"

„Kaiser, Silke 78 65 45 67, Kaiser, Silke u. Peter 89 87 65 67."

„Hallo, hier sind wir." Ich winke ihm zu. „Es ist wirklich wichtig, bitte!" Das kann nicht wahr sein! Der einzige Typ, der uns vielleicht weiterhelfen kann, klemmt hoffnungslos in einem Telefonbuch fest. „Mann, jetzt hören Sie doch mal zu!"

Louise zieht mich vom Einkaufswagen weg. „Komm, das hat keinen Sinn. Der lebt in seiner eigenen Welt."

„Können Sie mir wenigstens sagen, wo Sie sich waschen?"

„Was soll das denn jetzt? Du spinnst wohl!", raunzt Louise mich von der Seite an.

„Am Zoo!" Erschreckt drehen wir uns um. Der Wachmann von eben. „Da duschen die alle! Und jetzt lasst den armen Kerl zufrieden! Der hat euch nichts getan. Und ihr solltet auch lieber nach Hause gehen. Nach Einbruch der Dunkelheit habt ihr hier nichts mehr zu suchen. Verstanden?" Er dreht sich um und verschwindet.

Verblüfft starren wir ihm hinterher.

„Zoo? Will der uns verarschen?"

„Kaiser, Susanne Dipl.-Ing. 78 69 12 65 ..."

08.

Googelt man ‚Duschen Zoo', landet man sofort bei der Bahnhofsmission am S-Bahnhof Zoologischer Garten. Die kenne ich. Die da arbeiten, tragen aquablaue Westen, stehen auf den Bahnsteigen rum und erklären alten Leuten die Fahrpläne oder helfen ihnen beim Umsteigen. Dass da Menschen anonym rund um die Uhr hingehen können, wenn sie krank oder verletzt sind, Hunger haben oder eine Dusche brauchen, wusste ich allerdings nicht. Zu Fuß vom Preußenpark zur Bahnhofsmission sind es höchstens zwanzig Minuten. Kann also gut sein, dass Coco da auch hingegangen ist.

Um das herauszufinden, sind Louise und ich hier. Wir stehen in einer schmalen Straße an der Rückseite vom Bahnhof Zoo. Baucontainer stapeln sich entlang der S-Bahn-Bögen, ein Stockwerk höher fahren die Züge. Es stinkt nach Kotze und Pisse. Das Ganze ist maximal 200 Meter von den Designer-Stores vom Ku'damm entfernt. Zwei Welten. Krass. Der Eingang der Mission muss am Ende der schmalen Straße sein. Je weiter wir in sie hineingehen, umso mehr Menschen mit Tüten und Decken sehen wir, die sich auf dem Bürgersteig versammelt haben. Einige schlafen, andere sitzen schweigend ohne jegliche Gefühlsregung auf der Bordsteinkante und starren ins Leere.

„Mein Gott, sehen die fertig aus", wispert Louise mir zu. „Einer von denen würde gar nicht so auffallen, aber hier in der Gruppe ..."

„Verpiss dich, du Opfer!" Torkelnd mit Schnapsflasche in der Hand kommt uns ein Mann entgegen. Er ist groß, kahl geschoren und komplett tätowiert. Sogar im Gesicht. Er trägt eine zerrissene Military-Shorts und weiße Badelatschen. Sonst nichts und das Ende Oktober. Er schwankt hin und her, schlägt, brüllt, säuft und beschimpft alle und alles, was sich ihm in den Weg stellt. So einen müssen die Leute meinen, wenn sie von einer tickenden Zeitbombe sprechen. Und die kommt geradewegs auf uns zu. Wie versteinert bleiben wir stehen.

„Halt jetzt bloß die Klappe", flüstert ausgerechnet Louise mir ins Ohr.

Drei, höchstens vier Meter sind noch zwischen uns. Plötzlich bleibt er stehen und starrt mich an. Sekundenlang. Mir stockt der Atem. Langsam verziehen sich seine schmalen Lippen zu einem irren Grinsen. „Na, du kleine Fotze!" Er prostet mir zu, nimmt einen kräftigen Schluck und schmeißt die Flasche dann mit voller Wucht auf die Straße. Die Scherben zerspringen in alle Richtungen. Er rotzt drauf und dreht ab. Blut rinnt an seinem Fuß herunter. Fast hätte ich mich übergeben – vor Schreck, aber noch mehr vor Ekel. Bloß weiter!

Gegenüber dem Eingang zur S-Bahn-Station hocken mehrere Männer auf dem Bürgersteig. Sie lachen und klatschen und einer von ihnen tanzt sogar. So, als hätte er eine Tanzpartnerin im Arm, bewegt er sich mit geschlossenen Augen im Kreis. Ein anderer tut so, als würde er Geige dazu spielen. Hinter ihnen an der Mauer hängt Jesus. In einem kornblumenblauen Gewand und mit ausgebreiteten Armen blickt er aus einem vergoldeten Bilderrahmen zu ihnen herunter. An seiner Schläfe klebt eine purpurrote Plastikrose.

Ein Typ mit Rucksack steht direkt vor der Gruppe und schießt mit einer Spiegelreflexkamera Fotos. Ein zweiter Typ, offensichtlich sein Kumpel, stellt sich zu ihm. Mit dem Handy in der Hand, dreht er sich mehrmals um sich selbst und filmt die Szenerie. Von oben, von unten, mal langsam, mal schnell und mal extra wackelig.

„He, was soll'n das?", brüllt einer der Männer zu ihnen rüber. „Wir sind hier nicht im Zoo! Der ist drüben. Hier gibt's nur Hornochsen." Die anderen lachen.

„Entspannt euch mal!", meint der Handytyp. „Ihr seid nicht drauf." Er prüft das Display und nickt. „Krass!", sagt er leise zu seinem Kumpel. „So wollte ich es haben. Die Penner kommen richtig geil rüber. Total abgefuckt und wenn dann noch Sound draufgelegt wird ... Like, Like, Like!"

„Exakt, wie es der Chef will. Kennste den? Alkohol macht Birne hohl. Ist Birne hohl – füll mit Alkohol!" Johlend klatschen sie sich ab. Der Handytyp fingert ein paar Münzen aus seiner Hosentasche und wirft sie den Obdachlosen zu. „Hier Jungs, euch noch einen schönen Tag."

Die Obdachlosen grölen und winken ihnen nach.

„Sagt mal", rufe ich den beiden hinterher, „geht's noch?" Der Handytyp dreht sich um, streckt den Stinkefinger in die Höhe und geht seelenruhig weiter. Sein Kumpel lacht.

Louise hält mich am Arm fest. „Hashtag Doppelarschgeigen", sagt sie trocken und nickt unauffällig zu einem Pulk von Leuten, die vor einer Glastür stehen.

„Worauf warten die denn?"

„Essen fassen. Bahnhofsmission."

Überrascht schauen wir zur Seite. In der Toreinfahrt sitzt eine Frau im Rollstuhl, die Beine übereinandergeschlagen, und dreht sich mit zittrigen Fingern eine Zigarette. Ihre Fingernägel sind lang, gelb und dreckig. Auf der Stirn, kurz unterhalb des Haaransatzes, klebt Schorf auf einer roten, fast handtellergroßen Fläche. Verfilzte Rastazöpfe mit Glasperlen und schmuddeligen Bändern baumeln wie dicke graue Bockwürstchen auf ihre dünnen Schultern. Neben ihr auf dem Boden liegt ein großer brauner Hund auf einer Decke. Neben ihm Plastiktüten und ein Radio.

„Gesa tut nichts", nuschelt die Frau. Gesa schnuppert an meiner Hand und ich fange vorsichtig an, sie zu streicheln. Ihre Pfote ist mit einem dreckigen Verband umwickelt. „Hat sie sich verletzt?"

„In eine Glasscherbe getreten. Nach dem Essen kommen die Tierärztinnen."

„Essen?", frage ich, denn die Frau spricht so undeutlich, dass ich sie kaum verstehen kann.

„Da vorne", sie nickt in Richtung Menschentraube. „Was glaubt ihr, warum die da alle rumstehen?" Sie guckt zu mir hoch und augenblicklich wird mir ganz komisch. Sie sieht richtig krank aus. Aschfahl und faltig, mit schwarz umrandeten Augen und hängenden Mundwinkeln. Doch das Schlimmste sind die fehlenden Zähne.

„Ich schieb dann mal zur Missi rüber. Gesa!" Sie tätschelt Gesas Kopf. „Schön aufpassen! Nicht, dass uns einer was klaut!" Mit ihrem voll behängten Rollstuhl holpert sie den Bordstein runter und fährt direkt auf die große Glastür zu.

„Ich erinnere mich noch, als Diane das erste Mal hier auftauchte." Eine Frau in aquablauer Weste hockt sich neben mich. „Sie hatte Gesa in einer Plastiktüte im Park gefunden. Zugeknotet mit einem Strick. Gesa war höchstens zwei Wochen alt und furchtbar dünn und zerrupft. Diane hat sie dann aufgepäppelt. Ganz liebevoll, so wie Diane eben ist. Seitdem sind die beiden unzertrennlich."

„So einen hätte ich auch gerne", sage ich und streichle Gesas weiches Fell. Ihre Schnauze hat sie unter die Vorderpfote geschoben und schaut mich mit großen Augen an. Voll süß!

„Diane sagt, Gesa ist ihre beste, treueste und wichtigste Freundin. Keine, die ihr Vorwürfe macht, und die auch nicht meckert, weil sie mieft. Ich bin übrigens Clara und arbeite drüben in der Bahnhofsmission." Sie reicht uns die Hand. „Und wer seid ihr?"

„Amra und Louise", stelle ich uns vor.

„Seid ihr wegen uns oder wegen Helmut Newton hier?" Louise runzelt die Stirn. „Wegen wem?"

„Na, wegen des Fotografen", meint Clara. „Sein Museum ist doch gegenüber."

„Ach so, nee, wir sind hier, weil wir mehr über die Arbeit der Bahnhofsmission erfahren wollen", erklärt Louise und versucht, ein wichtiges Gesicht zu machen. „Wir schreiben nämlich für die Schülerzeitung CHARLY_19."

Clara strahlt uns an. „Das trifft sich ja gut. Ich arbeite hier, und wenn ihr wollt, führe ich euch ein wenig herum!"

Vorbei an der wartenden Schlange folgen wir Clara zum Eingang der Bahnhofsmission. Clara ist echt nett, nicht nur zu uns, sondern zu allen, die hier rumstehen. Egal wie schlimm sie aussehen, und manche sehen richtig schlimm aus. Verlumpt, dreckig und stinkend, doch Clara lacht und scherzt, begrüßt und schüttelt Hände und beantwortet Fragen. Sie hat überhaupt keine Angst, die Leute anzufassen. Ich schon. Ich könnte das nicht. Louise auch nicht. Das sehe ich ihr an. Genauso krampfhaft wie ich, versucht sie, möglichst unauffällig nur durch den Mund zu atmen. Ob Clara das gar nicht mehr riecht? Hat sie sich schon daran gewöhnt? Kann man das überhaupt?

„Wenn unsere Gäste Durst haben, dann klingeln sie und bekommen Leitungswasser gereicht", erklärt Clara, während sie uns in einen großen Raum mit vielen Tischen und Stühlen führt. „Hier ist unser Essbereich. Wir haben für ungefähr 100 Gäste Platz. Mittag gegessen wird in drei Etappen. Ist die erste Gruppe fertig, kommt die nächste. Zum Frühstück und zum Abendbrot gibt es belegte Brote. Das Essen wird von Essenstafeln, Supermärkten, Bäckereien oder Restaurants gespendet. Wir müssen also nichts selber einkaufen."

„Und wer kommt hier zum Essen hin?"

„Jeder, der Hunger hat. Obdachlose, Wohnungslose, Menschen mit wenig Einkommen oder kleiner Rente, die können alle gratis bei uns essen", erklärt Clara bereitwillig.

„Auch Kinder oder Jugendliche?", hakt Louise nach.

„Eher nicht. Manchmal kommen Mütter mit ihren Babys oder ihren kleinen Kindern", erwidert Clara und führt uns vorbei an der großen Spülmaschine und der langen Theke in einen kleinen Flur. „Und hier ist unser Lagerraum für die Dinge, die unsere Gäste täglich brauchen: Schlafsäcke, Unterwäsche, Rucksäcke und natürlich Hygieneartikel. Die kriegen wir auch gespendet."

Ich sehe mich um. „Und wo können die Leute duschen?"

„Nebenan im Hygienecenter. Möchtet ihr euch das auch anschauen?"

„Ja, sehr gerne."

Clara schaut auf die Uhr. „Ich ruf mal Frank an. Vielleicht hat er ja Zeit."

„Herzlich willkommen!", werden wir kurze Zeit später von Frank am Eingang des Hygienecenters begrüßt. Frank ist mittelalt, mitteldick und hat kurze blonde Haare. „Tretet ein in ..."

„Junger Mann!" Eine alte Frau mit Rollator kommt langsam auf uns zugerollt. Sie zeigt auf Frank. „Junger Mann, stimmt es, dass man bei Ihnen duschen kann?"

Frank nickt. „Ja, das stimmt."

„Und was kostet das?"

„Das kostet nichts", erklärt Frank.

„Nichts?" Zweifelnd schaut die Frau ihn an.

„Nichts", bestätigt Frank. „Und wenn Sie mögen, können Sie sich auch Ihre Haare schneiden lassen und eine Hand- oder Fußpflege bekommen."

Erstaunt reißt die Frau die Augen auf. „Das bieten Sie auch an? Hier in diesen Räumlichkeiten? Und was würde das kosten?"

„Auch nichts."

„Aber ich bin doch gar nicht obdachlos. Ich habe eine Wohnung. Es ist nur so", fährt sie fort und senkt die Stimme zu einem Flüstern, „eigentlich habe ich ja eine Badewanne, aber da komme ich nicht mehr rein. Wegen meiner Hüfte." Verschwörerisch schaut sie Frank an. „Und mein Badezimmer umzubauen, kann ich mir nicht leisten, und mein Vermieter will es nicht zahlen. Der würde mich am liebsten in ein Heim abschieben. Aber das mache ich nicht. Ich wohne doch schon seit 1967 in meiner Wohnung. Charlottenburg ist meine Heimat. Hier kennen und grüßen mich die Leute, hier sind meine Ärzte, hier ist mein Kirchenkreis und hier soll mich der liebe Gott auch abholen."

Frank berührt ihre Hand. „So soll es auch bleiben und darum sind wir hier. Wer duschen möchte, der kann hier duschen. Wir fragen nicht, wer jemand ist und woher er kommt."

„Das ist gut zu wissen, junger Mann", sagt die Frau dankbar.

„Wenn Sie mögen, dann kommen Sie doch mal rein." Frank macht eine einladende Geste.

Vorsichtig und nach vornübergebeugt kommt die Frau in kleinen Schritten auf uns zugetippelt. Sie trägt einen beigen Wollmantel, einen beigen Hut und in ihrer Armbeuge hängt eine kleine Ledertasche. Erst als sie direkt vor uns steht, hebt sie den Kopf „Seid ihr auch zum

Duschen hier?"

„Nein, die Damen sind von der Presse", sagt Frank und zwinkert uns zu. „Die schreiben für die CHARLY_19!"

Die Frau nickt und erst jetzt sehe ich den dicken Sprung auf ihrem sowieso schon total zerkratzten Brillenglas. Wie, um Himmels willen, kann sie da noch was erkennen?

„So, meine Damen, wenn ich bitten darf! Es sind gerade keine Gäste da, also nutzen wir die Zeit für eine Begehung", meint Frank und winkt uns eilig rein.

Ich bin platt. Alles ist sauber, neu und modern und es riecht wie in einem Schwimmbad. Es gibt drei Badezimmer für Männer und eines für Frauen. Nach jeder Nutzung werden sie von Franks Kollegen mit einem Schlauch gereinigt. Direkt am Eingang gibt es noch zwei weitere kleine Räume für die Friseure und für die Nagelpfleger, aber die haben heute schon Feierabend.

„Kommen manche auch immer wieder?", fragt Louise.

Frank nickt. „Und ob, wir haben jede Menge Stammgäste. Einige kommen regelmäßig vor oder nach der Arbeit bei uns vorbei."

„Und was ist mit Jugendlichen, kommen die auch hierher?", hake ich nach.

„Nein, nicht so oft", gibt Frank zurück. „Die wissen, dass wir dann die Polizei rufen müssen. Das machen wir aber nicht so gerne. Wir informieren lieber einen Streetworker oder schicken sie weiter an Einrichtungen, die sich speziell um Kinder und Jugendliche kümmern. Das hier ist kein Ort für junge Menschen."

Mit anderen Worten: Coco war nicht im Hygienecenter. Sie ist siebzehn und wäre garantiert jemandem aufgefallen. Das Risiko wäre sie nicht eingegangen. Da bin ich mir sicher.

„Die Tierärztinnen sind da!", hören wir jemanden vor der Tür rufen.

Frank strahlt. „Aah, Gabi und Özlem, die beiden versorgen ehrenamtlich die Tiere unserer Gäste. Um die kümmern sie sich meistens besser als um sich selbst. Habt ihr noch irgendwelche Fragen?"

Louise und ich schütteln den Kopf.

„Ansonsten kommt einfach noch mal vorbei!" Frank beugt sich zu der alten Frau hinunter und reicht ihr die Hand. „Ich würde mich sehr freuen, auch Sie bald noch einmal begrüßen zu dürfen!"

„Sie sind ein außerordentlich charmanter junger Mann", stellt die alte Frau fest. „Vielen Dank für die Führung und Ihre Einladung. Vielleicht mache ich das wirklich. Das macht einen sehr gepflegten Eindruck hier, das muss ich schon sagen."

Frank grinst. Über beide Ohren.

09.

Ich krieg die Krise. Warum schafft Louise es nicht wenigstens ein Mal, pünktlich auf der Matte zu stehen? Wobei Matte in diesem Fall ‚Landeskriminalamt 1 – Delikte am Menschen' heißt. In genau vier Minuten haben wir einen Termin mit Frau Schultze, aber von Louise ist weit und breit nichts zu sehen. Eine Zahnspange neu einstellen zu lassen, kann unmöglich so lange dauern.

Gestern Abend, auf dem Weg nach Hause, hatte sich Frau Schultze gemeldet. Frau Schultze arbeitet als Kriminalbeamtin auf der Vermisstenstelle. Vor Aufregung wäre mir fast das Handy auf die Straße geknallt. So schnell hatte ich nicht mit einer Antwort auf meine Interviewanfrage gerechnet. Ich atme tief durch, straffe meine Schultern und betrete das alte Dienstgebäude. Der Eingangsbereich ist erstaunlich klein und dunkel. Rechts und links führen große, breite Holztreppen in die oberen Stockwerke. Geradeaus geht es zur Anmeldung.

„Grund Ihres Besuches?", will der Beamte wissen.

„Presseinterview mit Frau Schultze vom LKA 124, Vermisstenstelle."

Der Mann nickt. Ich passiere die Sicherheitsschleuse und nehme auf einer Holzbank Platz. Hier soll ich warten, bis ich abgeholt werde. Neugierig gucke ich mich um. Eine Uniform oder ein Pistolenholster trägt keiner. Und das, obwohl hier die grausamsten Verbrechen aufgeklärt werden. Für Louise ist definitiv die Zeit abgelaufen. Mich einfach hängenzulassen, ohne ein Wort zu schreiben, ist allerunterste Schublade. Nur ein hieb- und stichfestes Alibi kann sie da wieder rausholen.

Eine Frau in kurzer weißer Lackjacke, ausgelatschten Pumps und schwarz-weiß karierten Leggings betritt das Gebäude, in der Hand eine Plastiktüte. Nachdem sie mit der Anmeldung und der Schleuse fertig ist, nimmt sie auf der gegenüberliegenden Sitzbank Platz. Sie ist total nervös, knibbelt die ganze Zeit an ihrem schwarzen Nagellack herum. Spindeldürr ist sie und total übertrieben geschminkt. Warum sie wohl hier ist? Als Opfer, als Täterin oder als Zeugin? Totschlag, Misshandlung oder auch die Vermisstenstelle?

„Amra?" Eine große Frau um die fünfzig steht vor mir und reicht mir lächelnd die Hand. „Mein Name ist Andrea Schultze und ich freue mich, dich kennenzulernen. Kommst du bitte mit?" Sie führt mich an der Anmeldung vorbei in ein kleines Besprechungszimmer: ein Tisch, vier Stühle und Blumen auf der Fensterbank. Frau Schultze legt ihr Telefon auf den Tisch, schiebt die Brille ins graue kurze Haar und schaut mich freundlich an. Wer ich bin und für wen ich schreibe, hatte ich ihr bereits gemailt, und weil die Uhr tickt, fange ich gleich mit meinen Fragen an. Das Interview, so hatten wir vereinbart, werde ich mit dem Handy aufnehmen.

Dreißig Minuten später verlasse ich stolz das LKA.

Kaum bin ich zu Hause, klingelt Louise an unserer Haustür.

„Ich bin's", grinst sie breit in die Kamera der Sprechanlage.

„Ich hoffe, du hast ein schlechtes Gewissen und ein gutes Alibi?", frage ich streng. „Ansonsten lasse ich dich nicht rein."

„Jaaaaaa!", ruft sie und stemmt sich gegen die schwere Eingangstür. „Wie war's?", höre ich sie bereits im zweiten Stock rufen. „Hast du alles aufgenommen?"

Ich gucke sie missbilligend an. „Wo warst du?"

„Tut mir leid. Akku war leer und beim Augenarzt war es..."

„Wieso Augenarzt?"

„Später. Erst musst du erzählen!", quasselt Louise drauflos. „Es war super, oder?"

„Wie kommst du denn darauf?"

„Weil du ein dermaßen triumphierendes Gesicht machst."

Wir liegen quer über meinem Bett und hören uns die Aufnahme an. „Stopp!" Louise gibt mir ein Handzeichen. „Spul noch mal zurück!"

CHARLY_19: „Angenommen ein vierzehnjähriges Mädchen haut nach Berlin ab, kommt dort erst mal bei Bekannten unter, aber dann verschwindet sie plötzlich und keiner weiß, wo sie ist. Ein Freund von ihr macht sich fürchterliche Sorgen. Kann der zu Ihnen kommen und fragen, ob Sie wissen, wo sie ist?"

A. Schultze: „So einfach ist das nicht. Denn wenn das Mädchen nicht als vermisst gemeldet ist, dürfen wir aus datenschutzrechtlichen Gründen keine personenbezogenen Daten über sie weitergeben. Wir wissen ja gar nicht, ob sie überhaupt damit einverstanden wäre."

CHARLY_19: „Und wenn sie als vermisst gemeldet ist?"

A. Schultze: „Das müssten wir erst einmal prüfen. Wir würden den Freund nach Vornamen, Namen und Geburtsdatum des Mädchens fragen. Mit diesen Informationen können wir zuverlässig feststellen, ob sie tatsächlich als vermisst gemeldet ist. Und wenn dem so ist, dürfen wir das dem Freund auch sagen."

CHARLY_19: „Aber was ist, wenn der Freund ihren Nachnamen und das Geburtsdatum gar nicht kennt?"

A. Schultze: „Das sind allerdings sehr wenige Anhaltspunkte und erschwert die Suche natürlich. Aber vielleicht kann der Freund ja andere sachdienliche Hinweise geben, etwa ihre Handynummer oder genauere Informationen über die Jugendeinrichtung, in der sie untergebracht war. Dabei ist es ganz wichtig, dass er uns alles erzählt, was er über die Vermisste weiß und nichts verschweigt. Auch Dinge, die ihm vielleicht unbedeutend erscheinen, jedes noch so kleine Detail kann bei der Suche hilfreich sein. Ebenfalls wichtig ist, dass er uns informiert, ob seine Freundin möglicherweise Angst vor irgendjemandem hat und deshalb unter Umständen in Gefahr ist. Oder ob sie eventuell in eine Straftat verwickelt sein könnte, die sie davon abhält, wieder zurückzukehren."

CHARLY_19: „Dürfte der Freund denn selber eine Vermisstenanzeige machen und die zum Beispiel in einer Fußgängerzone aufhängen?"

A. Schultze: „Nein. Dafür ist bei Minderjährigen die

Zustimmung der Eltern oder Erziehungsberechtigten erforderlich."

Louise schaut mich an. „Und?"
„Was, und?"
„Na, hat sie was gemerkt?", bohrt Louise nach.
Ich lege den Kopf schief. „Nee, glaube nicht. Hätte ich auch nicht zugegeben. Wir mischen uns schon genug in Cocos Leben ein. Und dann sollen wir ihr auch noch die Polizei auf den Hals hetzen? Außerdem haben wir doch gar nichts in der Hand."
„Doch, das Tagebuch!"
„Und das willst du der Polizei geben? Und dann steht Coco bei uns vor der Tür und wir erzählen ihr: ‚Ja klar, haben wir gefunden, kannst du dir beim Landeskriminalamt abholen.' Na super!"
Louise lässt enttäuscht die Schultern hängen. „Und jetzt? Wir sind immer noch genau so schlau wie vorher."
„Da gibt's nur eins: Weiterlesen!"

6. September
Es ist alles so anstrengend. Ich bin müde. Ich stinke.

9. September
Seit ein paar Tagen schlafe ich in einer Schrebergartensiedlung. Weißes Holzhäuschen, rote Fensterläden, versteckt in einem zugewachsenen Garten. Unter den Bäumen eine zusammengekrachte Hollywood-Schaukel,

bewacht von einem Trupp Gartenzwerge. Spooky! Das Teil soll einem alten Ehepaar gehören, der Mann gestorben, die Frau angeblich im Krankenhaus. Sicher ist, hier war schon ewig keiner mehr. Der Schlüssel hängt am Türrahmen. Drinnen stinkt's wie Hölle, Katzenpisse, und stickig ist es. Kann aber die Fenster nicht aufmachen, könnte einer mitkriegen. Nachts ist Friedhof der Kuscheltiere. Es knackst, der Wind klappert an den Läden und auf dem Dach Schritte von irgendwelchen Viechern. Ich kann nichts machen: Hab genauso viel Schiss wie früher, wenn Mama nachts weg war. Und ich mache es auch genauso: Ganz tief rein in den Schlafsack und bloß nicht bewegen. Ich mache drei Kreuze, wenn ich hier wieder weg bin.

Waschen kann ich mich im Lochowbad. Wenn Scholli da ist, lässt er mich rein. Die haben heiße Duschen und Shampoo steht immer irgendwo rum. Nur die nackten Weiber, die einen blöd anglotzen, nerven. Rasieren und Haare färben ist verboten. „Kannste das nicht zu Hause machen?" „Nee, kann ich nicht." Im Schwimmbecken war ich noch nie, habe keinen Bikini. Und ich kann auch gar nicht richtig schwimmen. Aber ich kuck zu, wenn die vom Zehner springen.

Gar nicht weit von den Schrebergärten ist ein Platz mit einem Brunnen. Da hänge ich abends ab, bevor ich in die Laube kann. Hier habe ich Martina Kowaczek kennengelernt. Martina arbeitet beim Wachschutz in einem von den Bürogebäuden. Punkt zehn stellen sie das Wasser vom Brunnen ab, dann kommt sie raus und setzt sich zu mir.

Wir erzählen uns Geschichten. Ein bisschen so wie wir beide damals auf der Bank in Altona. Nach zwei Zigaretten muss sie wieder rein und ich verschwinde in die Laube. Auf ihren Arm hat sich Martina Chucky tätowieren lassen. Chucky ist ihr Hund. Ein Samojede, ein sibirischer Schlittenhund, die sind superselten, ich habe noch nie vorher einen gesehen. So einen hätte ich auch gerne oder einen Schäferhund. Vielleicht besuche ich die beiden mal. Martina hat mir ihre Handynummer gegeben. Sie ist auch einsam.

11. September

Du hast Geburtstag. Heute wirst du sechs. Wie du wohl aussiehst? Habe mir vorgestellt, dass ich zu eurem Haus schleiche, mich hinterm Gartenzaun verstecke und dich beobachte. Hübsch bist du! Soll ich dir zuwinken? Es ist ein schöner Garten. Blumen, ein Planschbecken, Kerzen auf dem Schokoladenkuchen. Deine Mutter im Blümchenkleid und Ludwig hängt Girlanden in den Apfelbaum. Ich passe da nicht rein. So was von nicht. Hast du gemerkt? Ich habe deine Mutter zu der gesagt!

GLÜCK. Ich habe Glück! Habe 250 Euro gefunden, unten in der Zuckerdose. Hat die Oma garantiert da versteckt. Für schlechte Zeiten. Passt. Als Erstes gefrühstückt. Mit Tischdecke, Besteck und Serviette. Rührei mit Tomaten und Zwiebeln und Speck. So lecker. Dann ins Alexa. Ein cooles DSQUARED2 Shirt, weiße Cowboystiefel und grünen Nagellack geschossen. Außerdem muss Felix mir ein neues Handy besorgen. Ich habe immer noch das von Carlos, hatte ich damals im Krankenhaus eingesteckt. Wegen der Fotos. Die sind alles, was mir von uns geblieben ist. Das ist alles so ewig her. Mamas Nummer ist da gespeichert, manchmal rufe ich sie an. Nur so, vielleicht geht sie doch mal ran. Kann ich mir sparen: „Die von ihnen gewählte Nummer ist nicht vergeben. Bitte wenden Sie sich an die Auskunft!"

Auf dem Weg zur S-Bahn bin ich fast in Nessa reingerannt. F*cking Scheiße. Mit weit aufgerissenen Augen ist sie direkt vor meiner Nase an mir vorbeigestiefelt. Sie hatte tatsächlich dieses Gucci-Teil an, komplett versifft schlabberte es an ihr runter. So spindeldürr war sie. Flecken im Gesicht und Flecken an allem, was aus dem Kleid sonst noch rausguckte. Voll das Elend. Sie hat mich nicht gesehen. Laut singend hibbelte sie arschwackelnd auf ihren High Heels kreuz und quer über den Alex. Quatschte und grabschte Leute an. Die fanden das nur eklig. Wars auch. Vor einem bunt besprayten Bus ist sie stehen geblieben. Aus der Heckklappe von dem Bus haben ein Typ und eine Frau Essen und Getränke rausgegeben. Die drumherum rauchten, quatschten und chillten. Plötzlich rastet Nessa aus: Kreischt, schlägt und tritt auf ein Mädchen ein. Immer wieder, komplett von Sinnen. Die anderen sind dazwischen, aber Nessa schrie und schrie und schrie. Konnte ich mir nicht antun, ich bin weg. So bitter. Ich habe das so satt, Leute wie Nessa, die vollgedröhnt immer tiefer rutschen.

12. September
Mit mir geht's auch bergab. Ist so. Ich brauche einen Plan.

13. September
War im Park. Saß auf der Bank und habe mir die Leute angeschaut. Bin nicht die Einzige, die öfter hier ist. Zum Beispiel diese Mutter und ihre Tochter. Schätze, sie ist vierzehn. Heute sind sie erst auf der Stelle rumgehopst und haben dann ihre Runden gedreht. Die Mutter vorneweg, voll aufgetunt mit Sonnenbrille, Basecap und Tanktop, die Tochter schlecht gelaunt hinterher. Hat dauernd an ihrem Handy rumgefummelt, bis die Mutter die Krise kriegt. „Steck sofort das Handy weg und reiß dich endlich zusammen. Du kriegst deine 30 Euro, wenn wir zu Hause sind. Aber mach jetzt voran!" 30 Euro fürs Durch-den-Park-Laufen? Krass. Die Kleine hat dann auch brav ihren Hintern durch den Park geschaukelt.

„Stopp! Pause!", japst Louise. „Mich beschleicht da eine ganz komische Ahnung. Könnte es sein, dass es sich bei diesem Turbo-Mecker-Flitzer um ...?"
   Entgeistert starre ich sie an. „Die meint mich!"
   „Sieht ganz danach aus!" Louise grinst.
   „Aber was soll das? Wieso schreibt die über mich?"
   „Woher soll ich das wissen? Keine Ahnung."
   Ich bin fassungslos! „Glaubt die wirklich, ich kriege 30 Euro, weil ich mit meiner Mutter einmal durch den Park laufe?"

„Von Laufen war nicht die Rede, sondern von Hintern durch den Park schaukeln", wiehert Louise.

„Das klingt ja so, als sei ich eine verwöhnte Richbitchgöre!", schnaube ich empört. „Die 30 Euro wollte meine Mutter mir leihen, damit ich mir die alte iPhone-Gurke von Hennig kaufen kann. Gebraucht! Und gemeckert habe ich, weil diese doofe Laufapp …"

„Schon klar", tut Louise mitleidig und schlägt das Buch zu.

Ich stemme die Fäuste in die Seiten. „Was soll das denn jetzt? Weiterlesen!"

„Kommt nicht infrage", Louise schüttelt energisch den Kopf. „Da wimmelt es doch nur so vor Hinweisen. Das können wir echt nicht bringen."

„Komm schon, die paar Seiten!", dränge ich.

„Du willst doch nur wissen, ob sie noch mehr über dich geschrieben hat!"

„Gar nicht wahr!"

Louise zieht die Augenbrauen hoch.

„Ein klitzekleines bisschen vielleicht", gebe ich zu.

Louise verschränkt die Arme vor der Brust und schaut mich triumphierend an. „Pacta sunt servanda!"

Ich stöhne und verdrehe die Augen.

„Und jetzt, Special Agent Amra", Louise reibt sich genüsslich die Hände, „suchen und sortieren wir die Hinweise!"

„Gute Idee", grummle ich. „Dafür müssen wir aber das Tagebuch noch einmal durchlesen."

„Exakt, aber nur bis hier." Louise zeigt auf Cocos letzten Satz und wirft mir einen gespielt ernsten Blick zu:

„Du weißt ja, Pacta ..."

„Schon klar", unterbreche ich sie und kann mir das Grinsen nicht verkneifen."

„Wir schreiben alles auf, was uns weiterhelfen könnte", erklärt Louise. „Cocos Gewohnheiten, die Orte, an denen sie sich aufgehalten hat, die Leute, mit denen sie zu tun hatte."

Ich klappe meinen Laptop auf. „Sollen wir loslegen?"

„Theoretisch ja und praktisch habe ich noch genau vierzig Minuten Zeit. Ich habe meinem Vater versprochen, dieses Mal pünktlich in Potsdam auf der Matte zu stehen."

Ich bin alleine zu Hause, liege im Bett und gehe unsere To-do-Liste durch:

1. Ins Kombibad Lochow. Da ist Coco zum Waschen hingegangen. Nach Scholli fragen! Der kennt Coco.

2. Das Bürogebäude mit dem Brunnen finden. Muss in der Nähe der Schreberlaube sein. Vielleicht treffen wir da diese Martina Kowaczek und die hilft uns weiter.

3. Alexanderplatz. Treffpunkt für Ausreißer? Wer verteilt dort Essen und Getränke?

4. Wo ist die Laube, in der Coco gewohnt hat? In Wilmersdorf wimmelt es nur so vor Kleingartenkolonien und Schrebergärten. Die finden wir nie. Wir brauchen mehr Infos.

5. Rauskriegen, wer Ludwig ist. Woher kennt Coco ihn? Was hat er mit Jasmin zu tun?

Es ist genau 21:21 Uhr, als mein Handy klingelt. Unbekannt erscheint auf dem Display.
„Hallo?", frage ich.
Stille.
„Hallo?", frage ich erneut.
Ich höre abgehackte Atemzüge.
„Hallo, wer ist denn da?"
Das Freizeichen ertönt.
Drei Sekunden später klingelt es wieder.
„Hallo?", rufe ich.
Es knarzt. Dann beginnt es zu rauschen.
„Wer ist denn da? So sagen Sie doch was!", rufe ich ungeduldig.
Und wieder diese Atemzüge. Ein Gedanke rast durch meinen Kopf: Der Anrufer weiß, wer ich bin. Ich muss schlucken. Hole tief Atem und behaupte: „Ich weiß genau, wer du bist." Eine Stimme ertönt. Leise, verzerrt, metallisch klingend und von ganz weit weg. Ich drücke den Hörer fester an mein Ohr. Vergeblich. „Melde dich oder ich leg auf", drohe ich mit brüchiger Stimme. Es klickt. Aufgelegt. Das Freizeichen ertönt.
Mein Herz schlägt bis zum Hals. Wer war das? Tief durch die Nase einatmen und langsam durch den Mund ausatmen. Mit wackeligen Beinen schleiche ich auf Zehenspitzen zur Tür und drehe den Schlüssel um. Dann mache ich die Nachttischlampe aus und schaue aus dem Fenster. Es ist dunkel und nieselt. Ein Taxi hält vor unserem Haus.

Frau Polzin steigt aus. Sie schaut zu mir hoch, ich drücke mich in den Vorhang. Hat sie mich gesehen?

Mein Handy klingelt. Mein Herz bleibt stehen. Nicht noch mal. Ängstlich schaue ich aufs Display. Louise lacht mich an. Gott sei Dank!

„Da hat sich jemand einen doofen Spaß erlaubt. Bestimmt einer aus der Schule. Wirklich, Amra, das passiert doch öfter mal", versucht Louise, mich zu beruhigen. Ausgerechnet die, aber vielleicht hat sie ja recht. Trotzdem lasse ich die Tür lieber verschlossen.

10.

Samstag früh, ich stehe an der Kasse vom Lochow. Allerdings ein paar Minuten zu spät, denn jetzt hänge ich hinter dieser blöden Babyschwimmgruppe. Bis die mit ihren aufgeblasenen Gummitieren und den voll beladenen Taschen durchs Drehkreuz sind, bin ich hier festgewachsen. Durch die großen Glasscheiben erkenne ich den verwaisten Sprungturm und das Schwimmerbecken des Freibads. Vor den Duschkabinen, in denen Coco im Sommer geduscht hat, flattern Absperrbänder. Es nieselt und dicker Nebel hängt über dem Wasser. Das Sommerbad ist im Winterschlaf. Ich nippe an meinem Kiwi-Limetten-Smoothie und checke meine Nachrichten.

„Guten Morgen, Amra, wieder mal in den Diensten von CHARLY_19 unterwegs? Diesmal Toiletteninspektion im Schwimmbad?" Yvette-Lou aus meiner Parallelklasse steht grinsend vor mir. Die hat mir gerade noch gefehlt. Yvette-Lou beugt sich verschwörerisch zu mir und senkt ihre Stimme: „Apropos Hygiene und sanitäre Anlagen, stimmt es eigentlich, dass ihr Penner bei euch duschen lasst?"

Ich spüre förmlich, wie ihr die Augen vor Neugierde fast aus dem Kopf fallen.

„Wen interessiert's?", frage ich achselzuckend.

Yvette-Lou zieht eine Augenbraue hoch. „Mich und einige andere auch."

„Außer dir sehe ich aber niemanden", gebe ich gelangweilt zurück. „Wer behauptet das denn?"

„Es handelt sich hier um keine Behauptung, sondern um eine Tatsache. Man hat es beobachtet", antwortet Yvette-Lou schnippisch.

„Und wer, bitte schön, ist man?"

„Wenn du es genau wissen willst: Frau Polzin, und die hat es meiner Tante Yvonne erzählt. Sie hat alles gesehen", klärt Yvette-Lou mich auf.

Ich frage mich, wie Frau Polzin mitgekriegt haben will, dass Coco bei uns geduscht hat. Aber sie hat es mitgekriegt. Egal. Ich baue mich vor Yvette-Lou auf. „Apropos Hygiene, richte doch deiner Tante aus, und den Polzins am besten gleich mit, sie sollen sich um ihren eigenen Dreck kümmern. Die können mich mal."

„Was genau meinst du denn damit?", unschuldig lächelt die blöde Kuh mich an.

„Am Arsch lecken!"

„Mein Gott, Amra", gespielt entsetzt reißt sie ihre eisblauen Augen auf. „Was für ein entsetzliches Vokabular! Hätte ich gar nicht von dir gedacht. Ist dein Vater nicht Lehrer, oder sogar Pastor? Nun ja, wie dem auch sei. Ganz schön ordinär!"

„Weißt du was, wenn du weiterhin so viel Mist erzählst, dann hast du bald richtig Ärger am Hals!", zische ich.

Theatralisch hält sie ihre Hand vor den Mund. „Huch, da bekomme ich aber jetzt richtig Angst." Sie fängt an zu kichern. „Süß, wie du dich aufregst und ganz rot wirst. Aber stell dir vor, mir ist es total egal, was ihr macht oder nicht macht." Sie kreist den Kopf im Nacken, bis es knackt, schiebt ihre Schultern nach hinten und dreht mir den Rücken zu. Weißblonde Haare, schneeweißer Jogginganzug. Ich starre meinen kiwigrünen Smoothie an. Nehme einen großen Schluck und drehe den Deckel zu.

„Leck mich doch!" Ordinär zu sein, ist befreiend. Ich fühle mich gut.

Endlich, der Ansturm ist vorbei. Ich packe mein Portemonnaie zurück in die Tasche und gehe langsam an der geöffneten Seitentür des Kassenhäuschens vorbei. In der Ecke, auf einem weißen Plastikstuhl, sitzt ein Mann in grauem Arbeitsoverall und redet mit Händen und Füßen auf die Kassiererin ein. Die putzt währenddessen die Scheiben des Häuschens.

„Na, kann ich dir helfen? Hast du was vergessen?", fragt mich die Frau.

„Nein. Ich wollte nur fragen, ob Scholli da ist?"

„Meinst du Kevin? Kevin Schollinger?"

Ich nicke. Keine Ahnung, ob er so heißt, aber das wird er schon sein.

„Nein, der ist nur in der Hauptsaison hier, drüben im Sommerbad", antwortet die Frau.

„Was willst du denn von dem?", mischt sich der Mann ein und mustert mich von oben bis unten.

„Ich muss ihn sprechen, es ist wirklich wichtig", stammele ich.

„Das glaube ich dir sofort, das höre ich nicht zum ersten Mal. ‚Ich muss ganz dringend den Scholli sprechen'", äfft er mich nach.

Bloß nicht rot werden.

„Thorsten, hör auf!", schimpft die Kassiererin und

dreht sich zu mir um. „Warum willst du denn den Kevin sprechen?"

„Ich bin eine Freundin von Coco und ..."

Der Mann stöhnt.

„... und Coco ist eine Freundin von Scholli und ..."

„Mädchen, hör mir mal gut zu! Für Scholli seid ihr Mädels alle nur ein Sommerspaß, mehr nicht! Lass besser die Finger von dem, das endet doch nur in Heulerei!", sagt er grimmig.

Was erzählt der denn da?

„Ich will gar nichts von dem, ich kenn den überhaupt nicht. Ich will ihn nur etwas fragen", antworte ich genervt.

Bedauernd schüttelt die Frau den Kopf. „Kevin arbeitet wirklich nicht mehr hier. Tut mir leid."

„Okay. Danke." Jetzt hat die auch noch Mitleid mit mir.

Ich brauche ganz dringend eine Abkühlung, aber bitte so weit wie möglich von Yvette-Lou entfernt. Die schwimmt auf Bahn 1, Kraul mit Vierer-Zug-Atmung. Das auch noch.

Eine Dreiviertelstunde später versuche ich, unbemerkt am Kassenhäuschen vorbeizuhuschen, als es direkt hinter mir ertönt: „Hallo du da, warte mal eben!" Ich drehe mich um und starre direkt auf die Brüste der Kassiererin.

„Guck mal! Scholli wollte sein Fahrrad verkaufen und hat diesen Zettel bei uns aufgehängt. Kannst du den gebrauchen? Ansonsten schmeiße ich ihn jetzt weg."

„Danke, ich brauche kein Fahrrad", erwidere ich.

„Das habe ich mir schon gedacht, aber vielleicht kannst du damit etwas anfangen?" Sie zeigt auf die kleinen Schnipsel unten am Zettel.

Und dann schnackelt es endlich bei mir. Kaum bin ich draußen, fange ich an zu tippen:

Hi Scholli, bin eine Freundin von Coco und muss ihr unbedingt etwas geben. Weißt du, wo sie steckt? Amra

Hi Amra. Kennen wir uns? Welche Coco?

Coco aus'm Lochow.

Ach die :-)

Ist verschwunden. Weißt du, wo sie ist? Mache mir Sorgen.

Keine Panik. Die ist taff! Grüß mal, kannst ihr sagen, ich bin jetzt Eisverkäufer.

In Wilmersdorf? Im Winter?

Quatsch, Brisbane. Australia. Work and surf.

Wann hast du sie zuletzt gesehen??

Mitte September. Ungefähr.

Hast du ihre Nummer? Oder kennst du jemanden?

Nee, sorry.

Bitte melde dich, wenn du was hörst!!!!

11. Zwei Nachmittage lang sind wir kreuz und quer durch Wilmersdorf gelatscht und haben wirklich jeden nach diesem Bürogebäude mit dem Brunnen vor dem Eingang gefragt. Wir waren kurz davor, aufzugeben, als die Rettung kam: Die Verkäuferin aus der Bäckerei hinterm Eisstadion. Die wusste sofort Bescheid.

„Der Brunnen gehört zur Barstadt AG, man kann ihn bloß im Augenblick nicht sehen. Er wurde vor drei Wochen mit Holzplatten abgedeckt und das Gebäude mit einem Bauzaun eingezäunt. Da sind nämlich Teile der Fassade runtergekommen und auf den Fußweg geknallt", erzählt sie. „Ein junges Mädchen und meine Kollegin hätte es sogar um ein Haar erwischt. Zwei Sekunden später und Viola stünde hier nicht mehr hinter der Theke, sondern würde die Schrippen eine Etage höher verkaufen."

Obwohl wir schon x-mal an diesem Bauzaun vorbeigegangen sind, fällt uns erst jetzt das kleine Schild auf, das zum Eingang des Gebäudes zeigt. Durch einen schmalen Gang, der mitten durch die Baustelle führt, gelangen wir in das Foyer. Ein Mann mit kobaltblauem Hemd sitzt alleine hinterm Empfangstresen. Sieht so aus, als ob er

Kreuzworträtsel löst. Hinter ihm an der Wand hängt eine riesige Weltkarte voller kleiner Lichter. Er schaut zu uns rüber und nickt.

Sofort erkennen wir ihn wieder.

„Was sagt der Esel, wenn er in die Mühle kommt?" Fragend hebt er die Augenbrauen hoch.

Wir starren ihn an. Was macht der denn hier?

„Und?" Seine Augenbrauen schießen bereits weit über den Brillenrand heraus. „Keine Idee?"

„Guten Tag?", frage ich verdutzt. Und Louise schiebt schnell noch ein „Guten Tag, Herr Gassmann" hinterher, denn sein Namensschild steht direkt vor unserer Nase auf dem Tresen.

„Guten Tag, meine Damen." Zufrieden lächelt er uns an. „Wir hatten ja bereits im Preußenpark das Vergnügen. Was führt euch zu mir?"

„Wir wollen zu Frau Kowaczek", kommt Louise direkt zur Sache.

„Martina Kowaczek? Vom Sicherheitsdienst?"

Louise nickt.

„Und was wollen die Damen von Frau Kowaczek?"

„Wir müssen mit ihr sprechen. Persönlich. Unter vier Augen sozusagen", antworte ich.

Seine Augenbrauen schießen erneut in die Höhe. „Sechs Augen, meinst du wohl? Kleiner Rechenfehler, hm?"

„Ist Frau Kowaczek denn nun da oder nicht?", fragt Louise ungeduldig.

Herr Gassmann dreht seinen Kopf zur Weltkarte, ohne uns jedoch aus den Augen zu verlieren. „Frau Kowaczek, dein Typ wird verlangt. Bist du da oder nicht?" Dann beugt er sich zu uns rüber: „Hat sich eigentlich die Eigentümerin des Tagebuchs schon bei euch gemeldet?"

Bevor wir antworten können, öffnet sich der südamerikanische Kontinent und eine kleine Frau taucht aus einer unsichtbaren Tür auf. Sie schaut neugierig zu uns rüber. Ihre blauschwarzen Haare sind auf der einen Seite raspelkurz und auf der anderen schulterlang. Sie ist etwa vierzig, braun gebrannt und stark geschminkt. In der Hand hält sie eine Schachtel Zigaretten.

„Frau Kowaczek?", frage ich.

Sie zeigt auf das Schild an ihrem Hemd. „Ja, die bin ich. Und wer seid ihr?"

„Wir sind Freundinnen von Coco", antworte ich.

„Coco?"

„Genau, das Mädchen, mit der Sie abends draußen auf der Bank immer eine Zigarette geraucht haben", hilft Louise ihr auf die Sprünge.

Erwartungsvoll schaut Frau Kowaczek von Louise zu mir. „Aha. Und was wollt ihr von mir?"

„Wir haben Cocos Tagebuch gefunden und möchten es ihr zurückgeben." Aus den Augenwinkeln sehe ich, wie Herr Gassmann schon wieder die Augenbrauen hochzieht. Ich senke meine Stimme und beuge mich zu Frau Kowaczek. „Und weil wir nicht wissen, wo Coco wohnt, haben wir gedacht, Sie können uns vielleicht helfen."

„Und wie kommt ihr da ausgerechnet auf mich?"

„Weil Coco von ihnen geschrieben hat", sage ich.

„Von mir?", erstaunt reißt sie die Augen auf. „Sie hat über mich in ihrem Tagebuch geschrieben?"

„Genau."

115

„Hat sie viel über mich geschrieben?"

„Geht so", murmelt Louise.

Misstrauisch schaut Frau Kowaczek erst mich, dann Louise an. „Und ihr seid wirklich Freundinnen von Coco?"

„Nicht wirklich", gebe ich zu.

„Hätte mich auch gewundert", brummt die Kowaczek.

„Warum?"

„Weil Coco gar nicht zu euch passt." Sie streicht eine Haarsträhne aus dem Gesicht und ein seltsames Lächeln spielt um ihre Mundwinkel. „Trotzdem lieb von euch, aber ich befürchte, da habt ihr Pech gehabt."

„Wieso das denn?", platzt Louise entgeistert heraus.

Frau Kowaczek hebt beschwichtigend die Hände. „Na, die ist doch schon lange wieder weg."

„Wie, weg?", frage ich.

„Na, zurück nach Hamburg", meint Frau Kowaczek.

„Nach Hamburg?", wiederhole ich dumpf.

„Ja, zu ihrer Familie. Wisst ihr eigentlich, wie ich Coco kennengelernt habe?", fragt die Kowaczek unvermittelt und schaut mich dabei merkwürdig an. „Oder stand das auch im Tagebuch?"

„Nein", behaupte ich und schaue ihr direkt in die Augen. Ihr linkes Lid zuckt.

„Na, dann kommt mal mit!" Sie führt uns zu den großen Fenstern neben der Eingangstür. „Seht ihr die grüne Bank neben dem Baucontainer? Bevor das hier Baustelle wurde, habe ich abends um zehn immer dort Pause gemacht. Eine geraucht und Kaffee getrunken. Gewöhnlich ist es hier um diese Uhrzeit menschenleer, darum war ich auch so überrascht, als eines Abends plötzlich Coco auf meiner Bank saß. Am nächsten Abend war sie wieder da. Was macht ein junges Mädchen um diese Uhrzeit in dieser gottverlassenen Gegend? Schaut euch doch mal um! Nur Betonklötze. Drüben die Zufahrtstraße zur Autobahn und dahinten die Schrebergärten. Als ich mich zu ihr setzte, nickte sie mir zu und rückte mit ihrem Rucksack zur Seite. Sie hat gelächelt und weitergelesen. Ein Mädchen, alleine, spät abends, mit einem Reiserucksack auf einer Bank im Nirgendwo. Ich hatte ..." Frau Kowaczek stockt. „... ich weiß gar nicht, warum, aber irgendwie hatte ich ein ungutes Gefühl. Ich habe sie auf den Kopf zu gefragt, ob sie von zu Hause weggelaufen sei. Und wisst ihr, was sie gesagt hat?"

Wir schütteln den Kopf.

„Genau das hat sie auch gemacht. Den Kopf geschüttelt. Wie ich denn auf die Idee käme? ‚Na, wegen deines Rucksacks‘, habe ich geantwortet. Und Coco, was hat sie gemacht? Gelacht. Und dann hat sie mir verraten, was in ihrem Rucksack tatsächlich drin war. Nämlich ihre stinkigen Arbeitsklamotten, die sie jeden Abend bei ihrer Oma waschen musste. Die muss hier irgendwo in der Nähe wohnen."

Louise reißt erstaunt die Augen auf. „Ihre Oma?", wiederholt sie ungläubig.

„Ja. Tagsüber hat sie doch ein Praktikum in der Küche von so einem Schickimicki-Restaurant gemacht", meint Frau Kowaczek. „Und abends hat sie sich um ihre Oma gekümmert. Bei der hat sie auch gewohnt."

„Und warum saß sie dann abends hier rum und war nicht bei der Oma?"

„Weil ihre Oma nicht wissen sollte, dass sie raucht. Die hat doch Asthma. Außerdem kam die Pflegerin immer um diese Uhrzeit, und der wollte sie nicht begegnen."

„In welchem Restaurant hat sie denn das Praktikum gemacht?", hake ich neugierig nach.

„Das weiß ich gar nicht, habe ich auch nicht nach gefragt. Ich weiß nur, dass der Chefkoch ein Freund ihres Vaters ist, darum konnte sie dort arbeiten. Es hat ihr viel Spaß gemacht, und sie hat auch gerne davon erzählt. Die dollsten Geschichten. Einmal", Frau Kowaczek schüttelt missbilligend den Kopf, „da hat ein Gast sein Steak in kleine Häppchen geschnitten, die dann einzeln auf die Gabel gespießt und seinen Chihuahua damit gefüttert. 65 Euro hat der Spaß gekostet, also das Steak. Das müsst ihr euch mal vorstellen!"

Wir nicken. Was soll das? Warum erzählt sie uns das eigentlich?

„Ihr Chef hat ihr angeboten, eine Ausbildung bei ihm zu machen, aber das wollte sie nicht. Sie hat ihre Freunde und ihre Familie in Hamburg so vermisst. Na ja, das kann man ja gut verstehen. So ein junges Mädchen alleine in Berlin, da würde ich auch Heimweh kriegen. Aber", Frau Kowaczek hält den Finger hoch, „sie hat jeden Abend nach unserer gemeinsamen Zigarette ihre Eltern angerufen. Das war die Bedingung, dass sie überhaupt dieses Praktikum machen durfte. Sie hat sich immer daran gehalten. Darum habe ich ihr auch erlaubt, ihr Handy bei uns aufzuladen."

Fast unmerklich schüttelt Louise den Kopf. Sie rafft also genauso wenig wie ich.

„Wann haben Sie denn Coco das letzte Mal gesehen?"

„Das war vor vier Wochen. Da saß sie plötzlich wieder auf der Bank. Ich habe mich richtig gefreut. Klingt doof, aber nachdem ihr Praktikum zu Ende war und sie wieder zurück nach Hamburg ist, habe ich sie tatsächlich ein bisschen vermisst. Dabei haben wir gar nichts Großartiges zusammen gemacht. Geraucht und gequatscht und uns gut verstanden." Frau Kowaczek lächelt: „Sie sah richtig glücklich aus. Mein Gott, was habe ich sie beneidet."

„Warum das denn?", fragt Louise und wirft mir einen verständnislosen Blick zu.

„Na, wegen Kuba. Da wollte sie doch mit ihrem Vater hinfliegen, um seine Familie kennenzulernen. Ihr müsst wissen, ihr Vater ist Kubaner. Das war auch der Grund, weshalb sie noch mal nach Berlin gekommen ist. Um ihr Visum bei der Botschaft abzuholen. Und stellt euch vor, Chucky hat sie superteure Bio-Leckerli mitgebracht, und mir einen Nagellack geschenkt. Von Chanel! Ist das nicht nett? Ich habe mich so gefreut!" Frau Kowaczek lächelt und zeigt auf ihr Tattoo. „Das ist Chucky, mein Süßer. Wir haben ihn vor elf Monaten bei einem Züchter in Sachsen gekauft. Coco war total begeistert von ihm. Zum Abschied hat sie mich nach meiner Adresse und Telefonnummer gefragt und versprochen, mir eine Postkarte aus Kuba zu schicken."

„Martina, kannst du bitte mal kommen?", ruft Herr Gassmann.

„Komme, Karl-Heinz! Das war das letzte Mal, dass ich sie gesehen habe." Sie nickt in Richtung ihres Kollegen. „Ich muss dann wieder. Ich würde euch wirklich gerne helfen, aber ich habe weder eine Telefonnummer noch eine Adresse von ihr."

„Aber vielleicht können Sie Coco unsere Telefonnummer geben, falls sie sich bei Ihnen meldet", bitte ich sie.

„Natürlich kann ich das machen."

Schnell ziehe ich unseren Suchzettel aus der Tasche und schreibe auf die Rückseite: Liebe Coco, du hast dein Tagebuch bei uns vergessen. Amra und Louise.

„Wenn ich etwas von ihr höre, sage ich euch Bescheid. Versprochen." Frau Kowaczek reicht uns zum Abschied die Hand. Dann eilt sie zu ihrem Kollegen Gassmann zurück und wir verlassen das Gebäude. Durch die große Scheibe sehe ich noch, wie sie zum Telefon greift. Sie macht ein ernstes Gesicht.

„Ich glaub's ja nicht", sagt Louise, als wir wieder auf der Straße stehen. „Zuerst sitzt ausgerechnet dieser neugierige Typ aus dem Park da am Empfang und dann erzählt uns Frau Kowaczek Storys von Coco, die einfach überhaupt nicht sein können. Aber die Kowaczek hat das alles geglaubt."

Ich nicke. „Kein Wunder. Coco hat so perfekt gelogen, hätte ich auch geglaubt, wenn ich es nicht besser wüsste."

„Vorausgesetzt es stimmt, was Coco geschrieben hat", wendet Louise ein.

„Warum sollte sie in ihrem Tagebuch lügen? Das macht doch keinen Sinn. Also, vielleicht irgendwie, aber ..."

„Ich fand die Kowaczek ein bisschen zu geschwätzig", meint Louise.

„Erinnerst du dich, was Coco über sie geschrieben

hat?", frage ich. „Sie sei auch einsam. Einsame Menschen quatschen viel, habe ich mal gelesen. Wenn man sie lässt."

„Besonders viel hat Coco aber nicht über sie geschrieben", meint Louise.

„Stimmt, aber warum sollte sie ihrer Schwester auch etwas von Frau Kowaczek erzählen?"

Louise zuckt nur mit den Schultern. „Andere unwichtige Sachen hat sie doch auch erwähnt. Aber", Louise hält mich am Arm fest, „sie wollte gar nicht wissen, wie wir überhaupt an das Tagebuch gekommen sind! Ganz ehrlich, das wäre das Erste gewesen, wonach ich gefragt hätte."

„Und wie das Restaurant heißt, in dem Coco angeblich gearbeitet hat, wusste sie auch nicht. Hast du ihren Blick eben am Fenster gesehen? Echt unheimlich", sage ich.

Louise nickt. „Und dann auch noch dieser Gassmann, der ganz zufällig ihr Kollege ist und nach Feierabend im Park rumschleicht. Irgendwas ist da faul."

„Oberfaul!"

„Und vergiss das nicht." Louise hält den Kopf schief, zieht den Mund seitlich hoch und zwinkert mir zu.

Ich muss kichern. Louise sieht einfach zu dämlich aus.

„Typische Symptome von Nervosität würde ich sagen", stellt Louise trocken fest und dann prusten wir los und kriegen uns vor Lachen gar nicht mehr ein. Bis mein Handy klingelt. Ich schaue aufs Display und ziehe scharf die Luft ein.

„Wer ist es? Sag schon!"

Ich halte Louise das Display hin. „Vicky!"

> Hi, hab den Zettel gelesen. Das Buch gehört meiner ABF Coco. Wo habt ihr es her????? Ich weiß nicht, wo Coco ist. Sie meldet sich nicht. Mache mir große Sorgen + Vorwürfe. Meine Süße und ich vermissen sie ganz schrecklich.
> Es tut mir wahnsinnig leid. Ich denke ganz viel an sie. Sie ist für mich der wichtigste und liebste Mensch. 1000 Dank eure Vicky

Unfassbar! Vicky, die schuld daran ist, dass Coco kein Dach mehr über dem Kopf hat, tut auf einmal so, als sei Coco ihre beste Freundin. Das hätte sie sich mal vorher überlegen sollen! Bevor ihr Freund ihre beste Freundin verprügelt und rauswirft. Ist die jetzt total verpeilt oder komplett naiv? Wir haben keine Ahnung. Trotzdem freuen wir uns. Endlich tut sich was!

> Hi Vicky! Super, von dir zu hören. Wir haben das Buch gefunden. Klar sagen wir dir Bescheid! Hast du eigentlich die Nummer von Felix????

> Den haben sie eingebuchtet. Zu viel Scheiße gebaut.

> Wie? Gefängnis???

U-Haft. Der Arme. Josy fragt immer nach Coco. Hoffentlich meldet sie sich bald, sagt mir Bescheid, bitte, bitte, bitte, eure Vicky.

12.

Unsere Lehrer haben Studientag und wir schulfrei, mitten in der Woche. Genial! Ich liege im Bett und scrolle durch meine Nachrichten. Drei von meiner Mutter und zwei im Klassenchat. Erstaunlich wenig, aber ist ja auch erst zehn nach sieben, die schlafen bestimmt alle noch. Würde ich normalerweise auch, aber Louise und ich müssen gleich zum Alexanderplatz. Geht nicht anders. Um halb zwölf hat Louise ihre erste Lateinnachhilfestunde, und wenn sie da nur eine Minute zu spät kommt, hat ihre Mutter gedroht, wird es ihr vom Taschengeld abgezogen. Und Kathrin hält fast immer Wort.

„Echt hässlich hier", stellt Louise fest und schaut sich nach allen Seiten um. Umzingelt von Straßenbahnschienen, grauen Betonklötzen und einer rosakackbraunen Shoppingmall sitzen wir am Brunnen der Völkerfreundschaft. Der allerdings nicht wie ein Brunnen aussieht, sondern wie eine riesige Schüssel, aus der silberfarbene Pilze sprießen.

„Kannst du mir sagen, wie wir Coco in diesem Gewusel finden sollen? Falls sie überhaupt hier ist. Willst du auch eine?" Louise reicht mir eine Brezel.

Schweigend beobachten wir die vorbeiströmenden Menschen, die entweder vom oder zum Bahnhof Alex hasten. Ein paar Gestalten – verkleidet als pinke Handys auf zwei Beinen – laufen aufgeregt über den Platz und drücken jedem, der es will oder auch nicht, pinke Flyer in die Hand.

„Amra, schau mal, Häschen gibt es hier auch." Keine zehn Meter von uns entfernt sitzen zwei Mädchen eng umschlungen in Hasenkostümen und machen Selfies. Sie rauchen, schneiden Grimassen und gackern rum.

„Gehören die zu den Handys?", frage ich ungläubig.

„Keine Ahnung", meint Louise. „Aber freiwillig zieht doch niemand so ein dämliches Kostüm an."

Gequält verziehe ich das Gesicht. „Ich garantiert nicht. Die Faschingsidee meines Vaters, mich in der ersten Klasse als Zahnpastatube rumlaufen zu lassen, reicht mir. Alle haben gelacht und an mir rumgedrückt, nur um zu sehen, was oben rausquillt."

„Das war aber wirklich zu verlockend", lacht Louise und die Ohren ihrer safrangelben Alpakamütze schlackern hin und her. Bei mir würde diese Mütze total doof aussehen: Safrangelb auf Rotköpfchen. Aber Louise mit ihrem dunklen Teint steht sie richtig gut.

„Na, Mädels, Lust auf eine Original Thüringer?" Vor uns steht ein Mann mit einem Grill vor dem Bauch und einer Gasflasche auf dem Rücken. Mit der Zange zeigt er auf seine Grillwürstchen.

„Lust schon, Hunger auch, aber leider kein Geld", seufzt Louise.

„Dann beim nächsten Mal", sagt er und dreht ab.

„Boah, wie die duften! Da hätte ich jetzt richtig Bock drauf." Sehnsuchtsvoll schaut Louise dem Würstchenverkäufer hinterher.

„Einen schönen guten Morgen wünsche ich euch beiden." Eine Frau mit Kopftuch und weißer Stofftasche in der Hand schaut uns freundlich an. „Ich bin Sarah. Darf ich mich zu euch setzen?"

„Klar", sage ich und rücke ein Stück näher zu Louise.

„Das ist sehr lieb von dir. Herzlichen Dank." Sarah streicht ihren mausgrauen Mantel glatt und setzt sich direkt neben mich. Irritiert schaue ich mich um. Fast der halbe Beckenrand ist noch leer. Warum muss die sich denn ausgerechnet hierhin setzen? Fast auf meinen Schoß? Ich schiele zu ihr rüber. Schwer zu schätzen, wie alt sie ist. Sie könnte fünfundzwanzig, aber genauso gut auch vierzig sein. Sie sitzt da, als hätte sie ein Lineal verschluckt. Kerzengerade – Beine und Füße exakt parallel neben einander gestellt. Die Hände liegen gefaltet in ihrem Schoß. Karierter Rock, graue Wollstrümpfe und schwarze Riemchenschuhe. Wo kommt die denn her?

Louise stößt mich mit dem Ellbogen an. „Sag mal, willst du deine Brezel nicht mehr?"

„Nö, kannste haben."

„Danke. Hast du was zu trinken mitgenommen?"

„Nee, vergessen."

„Mist, ich auch."

„Darf ich euch etwas zu trinken anbieten?" Sarah zieht eine Wasserflasche aus ihrem Stoffbeutel. „Becher habe ich auch dabei."

„Äh, nö, vielen Dank, so durstig bin ich jetzt doch

nicht", sagt Louise und drückt unauffällig ihr Knie an meins.

Lächelnd packt Sarah die Flasche wieder in ihren Beutel und zieht eine Blechdose heraus. „Aber magst du vielleicht eine Scheibe Graubrot essen? Entweder mit Schmierkäse oder Marmelade?"

Schmierkäse? Igitt! Louise hebt abwehrend die Hände. „Nein, danke. Ich bin wirklich satt."

„Sehr gerne." Die Frau packt die Brotdose wieder in ihren Beutel zurück.

„Wo sollen denn hier Ausreißer sein?", flüstert Louise mir ins Ohr.

„Woher soll ich das wissen? Keine Ahnung. Vielleicht weiter dahinten." Ich zeige in Richtung Fernsehturm. „Oder die schlafen noch."

„Sollen wir mal jemanden fragen?", schlägt Louise vor.

„Wen willst du denn fragen? Die?" Ich zeige auf die pinken Handys. „Oder lieber die Häschen? ‚Entschuldigt mal, wir suchen jugendliche Ausreißer, die hier auf der Straße leben sollen. Kann man sich die irgendwo anschauen, vielleicht sogar anfassen? Wir kommen nämlich von der CHARLY_19 und wollen eine Reportage ...'" Und dann muss ich lachen, Louise auch. Und zwar so doll, dass sie sich fast verschluckt. „Ich hab tatsächlich geglaubt, du meinst das ernst."

„Es ist wirklich schön, euch so glücklich zu hören. Lachen löst Spannungen und befreit von seelischem Druck", sagt Sarah und lächelt uns an.

„Stimmt", grinst Louise, „sagt Oma Hertha auch immer!"

Sarah nickt. „Friert euch denn gar nicht in den dünnen Jacken? Und du?" Sie schaut mir in die Augen. „Hast du gar keine Mütze dabei?"

„Nö", sage ich, „brauche ich nicht. Alles prima." Stimmt zwar nicht, meine Ohren frieren mir fast ab, aber wer weiß, was die noch alles in ihrem Beutel hat.

„Müsst ihr heute gar nicht in die Schule?", fragt sie weiter.

„Schule? Nööö. Keine Lust!", sagt Louise und ich muss mir den Mund zuhalten, um nicht laut loszuprusten.

„Und was machen wir jetzt?", gluckst Louise vergnügt. „Gehen wir in die Mall? Aufwärmen?"

„Oder zur Weltzeituhr!", fällt mir ein. „Da muss doch dieser Bus stehen."

„Meinst du den, aus dem sie Essen und Trinken verteilen? Da, wo Coco Nessa gesehen hat?", fragt Louise.

„Ach, das tut mir aber leid." Sarah berührt meinen Arm. „Der Bus für die obdachlosen Jugendlichen ist nur nachmittags hier. Meistens kommt er um sechzehn Uhr. Mittwochs kommt er gar nicht. Wenn ihr möchtet", sie kramt schon wieder in ihrem Beutel rum, „dann habe ich noch etwas für euch." Sie hält mir ein kleines Heft entgegen. ERLÖSET, steht mit großen Buchstaben oben drauf. „Heutzutage kann man sehr schnell vom rechten Weg abkommen und weiß nicht, wohin. Das habe ich damals ..."

„Vielen Dank, das ist sehr liebenswürdig von Ihnen, aber wir kommen schon so klar. Komm, Louise, wir müssen jetzt wirklich gehen. Paul wartet schon."

„Echt? Paul? Wo?"

„Bei der Weltzeituhr", sage ich schnell und stehe auf. „Mach schon!"

Louise springt auf.

„Nessa habe ich damals auch unsere Worte geschenkt", ruft uns Sarah hinterher.

„Wie bitte? Wem?", frage ich irritiert.

„Na, Nessa", antwortet Sarah. „Ihr habt doch eben von ihr gesprochen. Sie hat aber darauf bestanden, dass ich Vanessa zu ihr sage. Darf ich fragen, woher ihr sie kennt?"

„Wir? Wir haben sie, also wir kennen sie ..."

„Aus'm Preußenpark", improvisiert Louise. „Sie ist eine Freundin von einer Freundin. Und Sie, woher kennen Sie Nessa?"

„Dort bei der Litfaßsäule habe ich sie zum ersten Mal gesehen. ‚Ich will ins Paradies' hat sie immer wieder gekreischt und im steten Wechsel die Säule umarmt und getreten. Ich habe versucht, sie zu trösten, zu erklären, dass Gott nur zu gern allen, die ihm folgen, ewiges Leben im Paradies schenken möchte. Wir müssen wieder mehr an die Liebe und das Vertrauen glauben. Doch leider ..."

„Sarah", unterbricht Louise sie, „wann haben Sie denn mit Vanessa über diese wirklich wichtigen Dinge gesprochen?"

„Das war Ende August. Der heißeste Tag in diesem Jahr. Sie war bereits ganz ausgezehrt vom bösartigen Tumor in ihrem Kopf. Ich hätte sie gerne begleitet in ihr irdisches Endstadium, aber sie war nicht bereit für mich. Das war schade."

„Haben Sie Vanessa danach noch mal gesehen?", frage ich.

„Nein, leider nicht!" Sie streicht ihren Mantel glatt.

„Kennen Sie auch Coco?" Wir halten den Atem an.

Sarah verzieht missbilligend das Gesicht. „Die Schlange!"

Ich starre sie an. „Wie bitte?"

„Vanessa hat Coco geliebt wie eine Schwester. Sie hätte alles für sie gemacht. Aber Coco war ihrer nicht wert. Sie war jähzornig, fordernd und gewalttätig. Immer wieder. Mal mit den Fäusten, mal mit dem Messer. Hier", Sarah zeigt auf ihren Hals, „hier hat sie zugestochen. Vanessa wäre fast gestorben."

„Sarah", ich beuge mich zu ihr runter und senke meine Stimme, „hat Vanessa Ihnen gesagt, wo Coco jetzt ist?"

„In der Hölle", flüstert Sarah und streicht mit der Hand über ihre Nase.

Ich muss schlucken. Verdammte Scheiße! Das ist doch verrückt. Die ist verrückt! Wo sind wir da bloß reingeraten?

„Ist das euer Freund, der auf euch wartet?", fragt Sarah plötzlich lächelnd, wie ausgewechselt, so als wäre nichts gewesen.

„Ja", sage ich. „Wir müssen jetzt wirklich gehen."

„Schade. Vielleicht sehen wir uns ja noch mal wieder?", fragt Sarah hoffnungsvoll. „Ich halte mich gerne hier auf. Ich würde mich wirklich freuen!"

„Wir nicht. Also, wir sind nicht öfter hier. Trotzdem Danke." Ich nicke ihr zu und eile Louise hinterher.

„Hast du Paul wirklich gesehen?", wispert sie.

Vorsichtig schaue ich mich um. Sarah winkt mir zu. Immer noch lächelnd. „Quatsch, natürlich nicht! Aber irgendetwas musste ich doch sagen, um von der wegzukommen."

„Glaubst du, das stimmt, was Sarah erzählt hat?", fragt

Louise und schiebt sich eine widerspenstige Locke aus dem Gesicht.

„Schon, aber Vanessa hat sie krass angelogen."

Louise bleibt stehen. „Warum sollte Vanessa das tun?"

„Weil sie in Sarah eine dankbare Zuhörerin gefunden hat, die alles glaubt, was man ihr erzählt", antworte ich achselzuckend.

„Nein, ich meine, warum sollte Vanessa lügen? Und nicht Coco?"

Ich zögere. „Wissen tue ich es nicht", gebe ich zu, „aber mein Instinkt sagt mir, dass Vanessa lügt, und zwar so gut, dass sie selber glaubt, was sie erzählt. Findest du es nicht auch komisch, dass Vanessa immer im Mittelpunkt ihrer Geschichten steht? Wer hat einen bösartigen Tumor im Kopf? Vanessa. Wer ist die aufopferungsvolle und fürsorgliche Freundin? Vanessa. Und jetzt rate mal, wer das Opfer der Messerattacke war?"

„Vanessa vielleicht?", fragt Louise und rollt die Augen.

„100 Punkte!", rufe ich. „Und noch mal 100 Punkte, wenn du errätst, wer im September lebendig bei uns geduscht hat?"

„200 Punkte?" Louise runzelt die Stirn und tut, als würde sie angestrengt nachdenken. „Etwa Coco aus der Hölle?"

„Haarscharf!"

Louise schüttelt fassungslos den Kopf. „Schon allein die Klamotten von dieser Sarah. Wer, bitte schön, läuft denn freiwillig noch so rum? Die sieht doch aus, als hätte man sie aus einer anderen Zeit hierher gebeamt."

„Wenn die mal nicht gedacht hat, wir wären selber abgehauen", vermute ich.

„Quatsch, wie kommst du denn darauf?"

„Na ja, weil sie uns unbedingt helfen wollte. So, wie sie auch Vanessa helfen wollte. Außerdem hat sie uns die ganze Zeit belauscht."

Louise bleibt stehen und zeigt an sich herunter. „Sehe ich vielleicht so aus, als hätte ich es nötig?"

„Nein, natürlich nicht."

„Siehste!" Louise triumphiert.

„Man sieht's ja auch nicht jedem an", erwidere ich.

„Die Alte spinnt doch!", regt Louise sich auf. „Verwirrt. Plemplem – auf dem Weg ins Paradies vom Weg abgekommen. Die hat so was wie ... Wie heißt das noch mal? Wenn man zwanghaft unbedingt jemandem helfen muss?"

„Helfersyndrom!"

Louise nickt heftig. „Genau! Und jetzt hatte sie es auf uns abgesehen. Aber nicht mit mir! Ich habe keine Lust mehr auf diese ganzen Verrückten. Ich muss aufs Klo und danach können wir zur Weltzeituhr gehen und gucken, wie spät es gerade in ... äh, wo genau in China ist deine Mutter noch mal?"

„In Guangzhou." Verstohlen drehe ich mich noch mal zu Sarah um. Jetzt müssen die Häschen dran glauben.

Zwei Stunden später sitze ich am Schreibtisch, höre Podcasts und zeichne den Alexanderplatz. Wir haben beschlossen, unsere Reportage mit Zeichnungen aufzupeppen. Nachher muss ich noch schnell einen lateinischen Text übersetzen. Im Gegensatz zu Louise mag ich Latein. Es gibt klare Regeln und alles ist logisch aufgebaut. Außerdem ist mein Lehrer richtig speedy, nicht so

ein Vertrockneter wie der von Louise. Die Arme muss ...
Mein Handy klingelt.

„Hallo, hören Sie mich?", ertönt eine laute männliche Stimme.

„Ja, ich höre Sie sehr gut." Die Nummer auf dem Display kenne ich nicht. „Wer ist denn da?"

„Mein Name ist Ernst August Staudenherz aus Wilmersdorf. Hören Sie mich?"

„Ja, immer noch sehr gut!", bestätige ich.

„Dann bin ich beruhigt. Ich rufe an wegen Fräulein Coco! Bin ich da bei Ihnen richtig?"

Sofort setze ich mich aufrecht hin. „Um was geht es denn?"

„Sind Sie die Finderin des Tagebuchs?", will Herr Staudenherz wissen.

„Ja, die bin ich. Haben Sie unseren Suchzettel gesehen?" Vor Aufregung überschlägt sich fast meine Stimme.

„Nein, das nicht, aber Victoria Schmalz, meine Nachbarin aus dem Hinterhaus, hat mir davon berichtet. Sie ist eine gute Bekannte von Coco."

„Meinen Sie Vicky?", frage ich überrascht.

„Grässlicher Spitzname. Wie kann man einen solch schönen und darüber hinaus historisch bedeutsamen Vornamen derartig verunglimpfen?" Er schnauft hörbar. „Ich möchte mich erkundigen, ob Sie etwas über Coco in Erfahrung bringen konnten?"

„Und warum möchten Sie das wissen?", frage ich misstrauisch.

„Ich benötige wieder eine Vorleserin", erklärt er. „Natürlich nur in Vertretung für Alexander, der in naher

Zukunft zu einer vierwöchigen Studienreise ‚Spuren kolonialer Raubkunst' nach Namibia aufbrechen wird."

„Und was hat das mit Coco zu tun?", bohre ich weiter nach.

„Nun, Fräulein Coco war im Juli dieses Jahrs bereits bei mir. Bei dieser Gelegenheit möchte ich nicht unerwähnt lassen, dass ich weiß, wer Sie sind. Sie sind eine der jungen Damen, die sich unlängst mit der reizenden Frau Halfar in der Dietrich-Bonhoeffer-Bibliothek unterhalten haben."

Schlagartig wird mir klar, wer am anderen Ende ist: Professor Oberschlau aus'm Vorderhaus! „Und Sie sind der Blinde mit den Sprüchen, stimmt's?", platzt es aus mir raus.

„Ich habe Gedichte rezitiert, junge Dame", korrigiert Herr Staudenherz mich.

Mein Gesicht läuft knallrot an. „Und Sie kennen Coco also?"

„Nun ja, kennen ist zu viel gesagt", gesteht er. „Sie hat einige Tage bei mir für Ordnung gesorgt und mir aus der Zeitung vorgelesen. Unter uns, sie liest recht flüssig, aber über ein tieferes Verständnis von Sprache verfügt sie nicht. Kein Vergleich zu Alexander. Aber sie war freundlich und zuverlässig. Nur mit der Wahrheit hat sie es nicht immer so genau genommen."

Ich runzle die Stirn. „Wie meinen Sie das?"

„Sie hatte sich bei mir als Coco Mayer aus Frankfurt am Main vorgestellt. Das entsprach keineswegs der Wahrheit. Und fast noch schlimmer, sie hat heimlich von meinen Pralinen genascht und doch tatsächlich geglaubt, ich merke es nicht." Herr Staudenherz klingt unwirsch.

„Und woher wollen Sie wissen, dass sie nicht aus Frankfurt kommt?"

„Weil ich mit den Ohren sehe", erklärt er. „Ich pflege eine große Leidenschaft für die Linguistik und kann Ihnen mit Sicherheit sagen, dass die junge Dame ihre Jugend im Norden Deutschlands verbracht hat. Vermutlich in der Region zwischen Bremen und Hamburg, aber ganz sicher nicht in Johann Wolfgang von Goethes Geburtsstadt."

„Haben Sie Coco denn auf ihre Lüge angesprochen?", will ich wissen.

„Selbstverständlich nicht. Sie wird ihre Gründe gehabt haben."

„Hat sie noch mehr von sich erzählt? Vielleicht über ihre Familie?", frage ich hoffnungsvoll.

„Nein. Um Gottes willen. Das wollte ich auch nicht. Das war meine Bedingung: Keine Schwätzerin. Fräulein Coco kam, hat geputzt und vorgelesen und ist dann wieder gegangen." Herr Staudenherz räuspert sich. „Hallo, hören Sie mich noch?"

„Ja, immer noch sehr gut", erwidere ich laut. Ist der womöglich auch noch schwerhörig?

„Dann bin ich beruhigt. Meine neue Telefonanlage funktioniert leider noch nicht so, wie ich es mir …"

Eine Vermutung beschleicht mich. „Herr Staudenherz, unterbreche ich ihn aufgeregt, haben Sie schon mal versucht, mich anzurufen?"

„Allerdings. Am letzten Freitag. Um 21:21 Uhr und um 21:22 Uhr, aber wie ich Ihnen gerade mitteilen wollte, funktioniert meine neue Telefonanlage leider noch nicht so, wie ich es mir wünsche und wie man es mir versprochen hat. Nun gut." Er holt tief Luft und ich atme erleichtert aus. Unglaublich, wegen dem habe ich mir fast in die Hosen gemacht.

„Ich gehe also recht in der Annahme, dass Sie noch nichts von ihr vernommen haben?"

Ich seufze. „Ja, leider."

13. Siebte und achte Stunde Religion mit der Parallelklasse. Die meisten dösen, einige daddeln rum und nur wenige folgen Herrn Wichmann, der schon im November glaubt, uns die Weihnachtsgeschichte näherbringen zu müssen. Als Maria sich auf den Weg nach Bethlehem machte, war sie erst sechzehn. Wusste ich gar nicht. Ungewollt schwanger, kein Geld, kein Zuhause und dann auch noch Josef, der sie trotz Eheversprechens fast sitzen gelassen hätte. Was würde sie wohl tun, wenn sie heute lebte? Die Frage muss ich mir unbedingt noch aufschreiben. Louise und ich werden nämlich nachher Sebastian treffen. Er ist einer von den Leuten, die Essen und Trinken auf dem Alex verteilen.

Es gongt. Endlich.

„Kommet zuhauf, ihr Penner, Alkis und Fertigen, reiht euch ein in die Warteschlange vor Amras Tür", säuselt Yvette-Lou, die eine Reihe vor mir sitzt, ihrer Freundin Sophia ins Ohr. Die Ziege kann es einfach nicht lassen. „Die wandelt seit einigen Wochen auf dem Pfad der barmherzigen Samariterin und teilt ihr Hab und Gut mit den Pennern unserer Stadt." Die beiden stehen kichernd auf.

„Mensch, Amra, jetzt mach doch nicht so ein tödliches

Gesicht!", ruft Yvette-Lou. „Das war doch nur ein Scherz! Du bist wirklich die größte Spaßbremse, die ich kenne", lachend verlässt sie mit Sophia im Schlepptau das Klassenzimmer.

Mit Verlaub, ich könnte ko***. Ich habe sie schon immer gehasst. Schon im Kindergarten.

„Yvette-Lou wird sich nie ändern. Die ist und bleibt gehässig", folgert Louise auf dem Weg nach Hause. „Deine Oma würde sagen, bei der ist Hopfen und Malz verloren." Sie knufft mich in die Seite. „Wollte die euch nicht besuchen?"

„Ja, übernächste Woche. Hennig holt sie ab. Hat er zumindest hoch und heilig versprochen. Aber der bringt es glatt fertig und lässt die Arme fünf Stunden vor dem Seniorenstift warten. Zuzutrauen ..."

„Vorsicht! Querstraße!", brüllt Louise plötzlich.

Full speed kommen zwei Mountainbiker angeschossen und rasen so dicht an uns vorbei, dass sie uns, wären wir nicht in allerletzter Sekunde zur Seite gesprungen, glatt umgenietet hätten.

„He, ihr Deppen, könnt ihr nicht aufpassen? Ihr hättet ...", meine Stimme versagt.

„... uns beinahe übern Haufen gefahren. Ihr Vollpfosten!", schreit Louise ihnen hinterher.

Meine Knie werden weich, mein Herz springt schneller und mein Gesicht läuft knallrot an. Soeben ist er an mir vorbeigefahren und für einen kurzen Moment haben sich unsere Blicke gekreuzt. Ich habe ihn sofort wiedererkannt. Ich drehe mich um, er sich auch. Nur ganz kurz.

„Kennst du den etwa?", fragt Louise und guckt mich dabei komisch von der Seite an.

„Nee. Gelb-Schwarz, sind das, äh", stammle ich, „nicht die Farben vom ...", ausgerechnet jetzt fällt mir der Name nicht ein.

„BSC. Berliner Sportclub." Louise reibt sich den Arm. „Idioten!"

Oh, mein Gott. Kann Herzrasen zu einem plötzlichen Herztod führen? Warum ist mein Kopf so leer gefegt? Und wie schaffe ich es trotz Wackelpudding in den Beinen, neben Louise herzugehen?

Louises Stimme dringt wie durch Watte zu mir. „Amra?"

„Ja."

„Hörst du mir überhaupt zu?", fragt Louise ungeduldig. Mechanisch nicke ich. „Ja."

„Kennst du einen von den Typen?"

„Nein, wieso?"

„Auch nicht den mit den Locken?" Louise ist echt hartnäckig.

„Wie kommst du denn darauf?", frage ich scheinheilig.

„Du guckst so."

Ich atme tief durch. „Das war Kolja!"

14.

Zum Glück rast mein Herz inzwischen nicht mehr ganz so doll. Stattdessen glühen meine Wangen und meine Mundwinkel hüpfen ständig nach oben. Die ganze Zeit muss ich an Kolja denken, und das ausgerechnet jetzt. In einer Stunde werden Louise und ich nämlich Sebastian am Alex interviewen, bis dahin muss Kolja raus aus meinem Kopf. Nur ist das leichter gesagt als getan.
Sebastian fand ich schon am Telefon sympathisch. Ich habe ihm erzählt, dass wir für unsere Schülerzeitung eine Reportage über Jugendliche, die abgehauen sind, schreiben wollen, und er war sofort mit einem Interview einverstanden. Am besten noch diese Woche, denn ab Montag sei er auf einer Fortbildung in Leipzig.

Sebastian ist groß, kräftig, trägt eine Hornbrille und eine dicke schwarze Lederjacke, darunter ein schwarzes T-Shirt. Er wusste sogar noch unsere Namen, hat uns mit Handschlag begrüßt und uns aufgefordert, unbedingt alles zu fragen, was wir wissen wollen. Wir sitzen auf einer Mauer und lassen die Beine baumeln. Die Liste mit unseren Fragen liegt auf meinem Schoß.

„Bereit?", fragt Louise.

Sebastian und ich nicken. Louise startet die Aufnahmetaste.

Ich räuspere mich und lese die erste Frage vor. „Kannst du uns ein bisschen über dich und deine Arbeit erzählen?"

„Gerne. Ich heiße Sebastian McPeters, bin 45 Jahre alt und arbeite als Straßensozialarbeiter mit jungen Menschen, die in schwierigen Lebensbedingungen stecken. Ich kümmere mich darum, dass sie so viel Hilfe bekommen, dass sie diese Lebensbedingungen verbessern können", antwortet Sebastian mit kraftvoller Stimme.

„Leben die Jugendlichen, mit denen du zu tun hast, alle auf der Straße?"

„Meine Kollegen und ich bezeichnen Jugendliche, die die meiste Zeit auf der Straße verbringen, als Straßenjugendliche. Das bedeutet zum Beispiel, dass sich jemand von früh um zehn bis abends um zehn irgendwo draußen aufhält, dann zu einem Kumpel zum Schlafen geht, wo er am nächsten Morgen aber wieder weg sein muss. Er hat dann zwar einen Platz, wo er übernachten kann, aber keinen, wohin er sich mal zurückziehen kann. Er ist wohnungslos und immer auf den guten Willen von jemand anderem angewiesen."

„Und wie genau kannst du ihnen in so einer Situation helfen?"

„Die Hilfen können ganz unterschiedlich sein. Es kann sein, dass sie eine Dusche brauchen oder etwas zu essen oder ein Telefonat mit den Eltern, um Sachen zu klären." Sebastian redet mit Händen und Füßen, seine Lederjacke knirscht leise dabei.

„Und das machst du alles von eurem Bus aus?", will

Louise wissen.

Sebastian schüttelt den Kopf. „Nein. Für alles, was länger braucht, haben wir ein Haus mit einer Beratungsstelle, Klamottenfundus, Café und Übernachtungsmöglichkeiten. Dort können sich die Jugendlichen auch mal ausruhen, duschen, malen, kochen oder sonst was machen. Am Bus haben wir alles, womit man schnell helfen kann. Essen, Trinken, Pflaster, Binden, Süßigkeiten ..."

„Hast du mehr mit Mädchen oder Jungs zu tun? Und wie alt sind die so?"

„Am Bus sind über die Hälfte Mädchen, es war auch schon mal eine Dreizehnjährige da. Grundsätzlich arbeiten wir mit Menschen zwischen vierzehn und siebenundzwanzig", antwortet Sebastian und schiebt sich seine Brille von der Nase auf den Kopf.

„Wo kommen die Jugendlichen denn her? Sind die irgendwo abgehauen?"

„Die meisten, die hier bei uns am Bus sind, waren vorher in einer Kinder- oder Jugendhilfeeinrichtung untergebracht."

„Hast du eine Ahnung, warum die von dort abhauen?", will ich es genauer wissen.

Sebastian streicht sich übers Kinn. „Stellt euch mal vor: Ein fünfjähriges Mädchen wird von seiner Familie getrennt, weil seine Eltern sich nicht gut um sie kümmern, schlecht zu ihm waren oder gestorben sind. Wenn es niemanden gibt, bei dem das Mädchen leben kann, kommt es für mehrere Jahre in eine Wohngruppe vom Jugendamt. Dort lernt es viele unterschiedliche Kinder und Erzieher kennen. Viele kommen, viele gehen. Das mag am Anfang noch ganz interessant und schön sein, aber nach einer gewissen Zeit kann dieser ständige Wechsel auch nerven. Auch, weil es viele Regeln gibt, die das Mädchen vielleicht vorher gar nicht kannte und plötzlich einhalten muss. Außerdem muss es sich die Erzieher und Erzieherinnen mit den anderen Kindern teilen. Und anders, als ihr es vielleicht von zu Hause kennt, ist dort nicht alles unbedingt so herzlich. Für die Erzieher und Erzieherinnen ist es eine Arbeit, die bezahlt wird. Jugendhilfe kann man gut und weniger gut machen, wie jeden anderen Beruf auch." Sebastian hält kurz inne. „Und irgendwann hat das Mädchen vielleicht keine Lust mehr dazubleiben, ist unzufrieden und unglücklich. Und dann gibt es irgendeinen Vorfall, der nicht so toll ist: Es wird gemobbt. Die Wohngruppe ist zu groß. Der Erzieher hört ihm nicht zu. Und sowieso ist alles blöd. Dann kann dieser Vorfall das Fass zum Überlaufen bringen und es will weg."

„Verständlich", sage ich und fühle mich plötzlich ganz klein. Ich weiß nicht, was es bedeutet, wirklich alleine zu sein. Ohne Mutter. Ohne Vater. Alles alleine entscheiden zu müssen. Überhaupt zu wissen, was man will oder nicht.

„Und wo geht das Mädchen dann hin?", unterbricht Louise meine Gedanken.

„Es wird dahin gehen, wo es jemanden kennt, der ihm helfen kann oder der es unterstützt. Zu einem Freund, bei dem es ein paar Nächte unterkommen kann, dann zum nächsten, und so weiter. Irgendwann hat es dann die Freunde durch und die Freunde haben keine Lust mehr.

Wenn sich bis dahin an seiner Situation nichts verbessert hat, kommt das Mädchen vielleicht auf die Idee, sein Glück in einer Großstadt zu versuchen.

„Zum Beispiel in Berlin", sagt Louise und zuckt mit den Schultern, „aber warum ausgerechnet am Alexanderplatz? Das ist doch total hässlich hier."

Sebastian lacht. „Stimmt, finde ich auch, aber wir kommen aus Berlin und kennen den Platz, aber die, die von woanders herkommen, kennen Berlin nicht so gut. Vom Alexanderplatz haben die meisten aber schon mal gehört, manche auch vom Bahnhof Zoo oder vom Ku'damm. Der Alex ist auch so bekannt, weil hier viele Züge und S-Bahnen langfahren. Wenn man nicht weiß, wo man hinsoll, geht man meistens an große Plätze und setzt sich dahin. Auch weil man dort nicht so auffällt."

„Und darum seid ihr auch mit eurem Bus hier?"

Sebastian nickt zustimmend mit dem Kopf. „Genau. Wir sind zu festen Zeiten hier und bieten den Jugendlichen unsere Hilfe an."

„Haben die denn überhaupt Lust, von euch beraten zu werden?", frage ich und füge schnell hinzu: „Die sind ja schließlich abgehauen, um ihre Ruhe zu haben!"

„Stimmt. Wenn sie frisch abgehauen sind, dann haben sie noch keine Lust, was zu klären, dann wollen sie erst mal weg. Aber wenn sie dann eine Weile auf der Straße gelebt haben, dann kann es sein, dass es ihnen zu anstrengend wird und sie auf die Idee kommen, etwas zu ändern. Wenn sie das wollen, dann kann ich ihnen auch helfen. Dann rufe ich auch mal bei den Eltern an oder beim Jugendamt, das für den Jugendlichen zuständig ist. Ich würde aber nie etwas hinter seinem Rücken machen. Das ist ganz wichtig. Jemand, der von irgendwo weggelaufen ist, braucht jemandem, dem er vertrauen kann. Und wenn ich jetzt heimlich etwas unternehme, ist dieses Vertrauen kaputt. Das will ich nicht. Darin besteht meine Arbeit auch: Jemand zu sein, dem man vertrauen kann. Auf der Straße hat man auch Freunde, bei denen man sich nicht sicher sein kann, ob die das ehrlich mit einem meinen."

„He, Sebi, wann gibt's denn was zu futtern?" Ein Junge fährt grinsend auf seinem Longboard an uns vorbei.

„Hi, Pisser, der Bus kommt gleich", ruft Sebastian ihm zu.

„Heißt der wirklich Pisser?" Louise guckt ungläubig.

„Nee, das ist sein Spitzname", erklärt Sebastian lachend. „Spätestens auf der Straße haben fast alle einen. Den denken sie sich selber aus oder kriegen ihn von anderen Jugendlichen. Das machen sie, um nicht ihren richtigen Namen sagen zu müssen."

Ich reiße erstaunt die Augen auf. „Du weißt also gar nicht, wie der richtig heißt?"

„Nee."

„Und warum wollen die das nicht?", frage ich und schaue Pisser hinterher. Der könnte auch bei uns auf die Schule gehen. „Haben die Angst vor euch?"

„Angst nicht, aber sie sind misstrauisch", erklärt Sebastian. „Weil ich Sozialarbeiter bin, und die meisten von ihnen schon viele Sozialarbeiter in ihrem Leben kennengelernt haben, und die waren vielleicht nicht alle immer so super. Deswegen sind die erst einmal vorsichtig. Kommen nur mal kurz am Bus vorbei, nehmen eine Stulle und gehen wieder. Das machen sie ein paar Tage und irgendwann reden sie mal mit mir oder ich frage sie irgendwas. Das dauert immer ein bisschen, bis die merken, dass ich vielleicht doch ganz okay bin. Und meine Kollegen natürlich auch."

„Mal angenommen, Louise und ich wären abgehauen und würden jetzt hier sitzen. Würdest du uns das ansehen?"

„Wenn ihr einfach nur dasitzt, dann würde ich nicht sofort denken: ‚Oh, die sind ja abgehauen.' Wenn ihr aber gestern schon da wart, und ich euch heute schon wieder sehe, vielleicht wieder in denselben Klamotten, dann würde ich mir denken: ‚Okay, die sind schon wieder da. Vielleicht finden sie den Alex toll.' Dann seid ihr mir schon mal aufgefallen. Und wenn ihr dann morgen wieder da seid, dann würde ich euch ansprechen und fragen, was los ist. Meistens sind aber die anderen schneller als ich."

Louise stutzt. „Welche anderen?"

„Na ja, wenn ihr mehrere Stunden hier sitzt, sehen das natürlich auch andere Jugendliche, die schon die ganze Zeit hier sitzen. Die würden euch ansprechen: ‚Hey, habt ihr Hunger, braucht ihr irgendwas? Nachher kommt der Bus.' Und so kann es sein, dass ich euch dann kennenlerne."

„Du gehörst ja jetzt sozusagen zu den Guten. Kann es denn auch sein, dass wir von komischen Typen angequatscht werden?", frage ich.

Sebastian nickt ernst. „Ja klar. Die Wahrscheinlichkeit ist sogar größer, dass ihr von nicht so netten Menschen angesprochen werdet."

„Du meinst, die suchen sich uns ganz bewusst aus?", hakt Louise nach.

„Ja, die nutzen eure Notlage aus: Sie sehen, dass es euch vielleicht nicht so gut geht, ihr niemanden habt, der euch hilft oder beschützt. Sie beklauen euch vielleicht oder laden euch ein, bei ihnen zu übernachten. Versprechen, sich um euch zu kümmern und Hilfe zu suchen. Und dann findet ihr das erst einmal toll, und wenn ihr dann da seid, sagen sie: ‚Tja, dafür müsst ihr jetzt aber dieses und jenes machen.'"

„Hast du so was schon mitgekriegt?", will ich wissen.

„Ja klar, aber diese Typen achten darauf, dass wir sie nicht schnappen. Verstecken sich. Wir bekommen es aus verschiedenen Richtungen mit. Oft von der Polizei, die uns bittet, aufzupassen, weil der oder der ein fieser Typ ist. Gelegentlich aber auch von den Jugendlichen: ‚Du, die Tina ist gestern mit dem mitgegangen. Und der hat die dann doof angefasst, an Stellen, wo sie das nicht wollte, und trotzdem hat der nicht aufgehört.'"

„Dann ist es ja besser, du sprichst uns an, bevor wir an den Falschen geraten?", schlussfolgert Louise.

„Ja, da hast du recht", meint Sebastian. „Aber der Alex ist riesig und in Berlin gibt es noch mehr große Plätze. Deswegen kann ich nicht den ganzen Tag ausschließlich hier sein. Aber ich mache das ja auch nicht alleine. Es gibt noch andere Streetworker hier, und wenn ich nicht da bin, kann es sein, dass ihr denen auffallt. Eigentlich müssten wir viel mehr sein."

Louise sieht sich nachdenklich um. „Glaubst du, hier auf dem Platz sitzen Jugendliche, die gerade erst abgehauen sind?"

„Ja." Sebastian nickt. „Ich würde sagen, irgendwo hier sitzt mindestens ein Mensch, nicht zwangsläufig ein Jugendlicher, der gerade frisch abgehauen ist."

„Melden sich auch manchmal Eltern bei dir, weil sie ihre Tochter oder ihren Sohn suchen?", frage ich.

„Ja, bestimmt einmal im Monat. Entweder sind es die Eltern selbst, oder wir erfahren es von den Jugendämtern, die uns anrufen, weil sich die Eltern an sie gewandt haben. Das landet dann bei unserer Chefin", erklärt Sebastian.

Louise wirft mir einen vielsagenden Blick zu und nickt unauffällig. „Eine Bekannte von uns ist auch aus einer Jugendeinrichtung abgehauen. Die muss jetzt irgendwo in Berlin sein. Sie heißt Coco. Hast du schon mal von ihr gehört?" Gespannt schauen wir Sebastian an.

„Coco? Ist das ihr Spitzname?"

„Nein, eigentlich sind wir sicher, dass sie wirklich so heißt. Vielleicht kennst du ja auch ihre Freundin? Die heißt Nessa, also eigentlich Vanessa, und die war auch schon mal bei euch am Bus, hat sich mit Leuten direkt davor geprügelt. Das hat Coco wenigstens behauptet."

„Wann war das denn?", hakt Sebastian nach.

„Irgendwann im August", schätzt Louise.

Bedauernd schüttelt Sebastian den Kopf. „Der Name sagt mir nichts. Aber ich kann mich ja mal umhören."

„Könntest du auch bei der Polizei anrufen und fragen, ob Coco wieder aufgetaucht ist? Und ob es ihr gut geht?", frage ich.

„Was wisst ihr denn noch von ihr?"

„Dass sie siebzehn ist und aus Norddeutschland kommt", erwidert Louise.

„Das ist ja nicht gerade viel." Sebastian runzelt die Stirn. „Theoretisch kann ich bei der Vermisstenstelle anrufen, aber die werden mir auch nur sagen, dass sie entweder vermisst wird oder wieder aufgetaucht ist. Wo sie aufgetaucht ist oder sich jetzt aufhält, würden die mir aber nicht unbedingt sagen."

Ich schaue ihn überrascht an. „Würdest du das denn machen? Anrufen, meine ich. Du kennst uns ja gar nicht!"

„Wenn ihr mir sagt, warum ich das machen soll ...", meint Sebastian.

„Weil wir ihr Tagebuch gefunden haben und uns jetzt Sorgen machen, dass ihr etwas passiert ist", antwortet Louise.

„Wie lange habt ihr das Tagebuch denn schon?"

„Vier Wochen, aber wir haben es noch nicht zu Ende gelesen", sprudelt es aus Louise heraus.

„Also, wenn ihr euch so viel Sorgen um dieses Mädchen macht und ihr gerne das Tagebuch zurückgeben wollt, weil da wichtige Sachen drinstehen, dann würde ich helfen. Ich kann ja mal bei der Vermisstenstelle anrufen und horchen, ob Coco vermisst wird oder nicht", schlägt Sebastian vor.

„Echt? Jetzt gleich?" Louise ist total aus dem Häuschen.

„Später", meint Sebastian. „Jetzt habe ich noch eine Verabredung mit einem Jugendlichen."

Passt. Ich muss nämlich zum Hockey. Heute ist Donnerstag.

EINLADUNG ZUM SLEEPOUT

Ohne Obdach für eine Nacht!

Mit Suppe, Tee, Musik und einem Schlafplatz auf der Straße.

Wir laden dich ein, am eigenen Leib zu erfahren, mit welchen Unsicherheiten und Ängsten Obdachlose jede Nacht konfrontiert sind.

Samstag, 03. November, 21:00 Uhr

Treffpunkt: Gustav-Adolf-Kirche am Schloss Charlottenburg

15.

Sebastian hat uns den Flyer gestern zusammen mit anderen Broschüren in die Hand gedrückt. Da will ich mitmachen! Mit Louise! Vielleicht haben sogar Nihan, Zoé und Paula von der Schülerredaktion Lust mitzukommen?

„Und, was meinst du?" Ich schaue Louise erwartungsvoll an.

Breitbeinig, in schwarzem Trikot und kurzem Tischtennisrock, steht Louise in der Eingangstür der Nehringhalle.

„Amra, das ist jetzt wirklich ganz schlecht. Du siehst doch, wir haben gerade mit dem Training angefangen", mault sie.

„Kannst du wenigstens mal kurz zuhören?", frage ich genervt.

Louise dreht sich kribbelig zur Halle um. „Eigentlich nicht, ich muss wirklich wieder rein."

„Aber es ist wichtig, die Aktion ist schon morgen Abend. Ich könnte doch schon mal anfangen, Sachen zu besorgen: Isomatten, Schlafsäcke ..."

„Wie wäre es denn, wenn du mich erst einmal fragst, ob ich überhaupt Lust und Zeit habe? Bevor du mit dem Organisieren anfängst?", gibt Louise gereizt zurück.

Ich ziehe die Augenbrauen hoch. „Hast du etwa keine Lust?"

„Habe ich ja gar nicht gesagt", stöhnt Louise. „Ich will einfach nur, dass wir später darüber reden."

„O.k., aber du kannst doch wenigstens schon mal sagen, ob du dabei bist? So eine Chance bekommen wir vielleicht nie wieder!"

Genervt verzieht Louise das Gesicht. „Was soll das denn für eine Chance sein?"

Ich ignoriere ihre Laune. „Wir reden die ganze Zeit über Ausreißer und Wohnungslose und jetzt haben wir die Möglichkeit, zu erleben, wie es wirklich ist, kein Dach über dem Kopf zu haben. Überleg mal, was das für ein cooler Einstieg für unsere Reportage sein könnte!"

Louise stöhnt. „Ehrlich gesagt, kann ich mir was Cooleres vorstellen, als vor einer Notunterkunft zwischen zwei Dixi-Klos zu übernachten. Ich möchte nicht wissen, was für schräge Gestalten da noch auftauchen ..."

„Wieso Notunterkunft? Das ist doch vor dieser Kirche ..."

„Tja, Pech gehabt, die Kirche ist nur der Treffpunkt, dann geht's weiter zur Notunterkunft in die Essestraße. Steht doch alles hinten drauf auf dem Flyer." Mist, hatte ich tatsächlich übersehen.

„Ja und? Hast du ein Problem damit?", frage ich trotzig.

„Für eine gute Story machst du wohl alles?", kichert Louise.

Mir reicht's. „Du brauchst gar nicht so die Augen zu verdrehen", zische ich Louise an. „Weißt du was? Wenn du lieber Prinzessin auf der Erbse spielen willst, kein Problem. Da gibt es genug andere ..."

„Louise?", ertönt es aus der Umkleidekabine.

„Ich bin hier, bei der Eingangstür", säuselt Louise und grinst mich verlegen an.

Ich glaube es nicht! „Was macht der denn hier?", zische ich ihr zu.

Der ist Paul, unser Hockey-Co-Trainer. „Hi, Amra, alles gut?", begrüßt er mich.

„Hi. Ja, nee. Und selber?"

„Amra, ich melde mich nachher bei dir!", lächelnd dreht sich Louise um und folgt Paul hüftschwingend in die Halle. Sprachlos starre ich den beiden hinterher. Was will der denn beim Tischtennis? Und warum hat sie mir das nicht erzählt?

Wütend stecke ich den Flyer zurück in meine Tasche. Louise hat überhaupt nicht richtig zugehört! Mir doch egal, dann suche ich mir eben jemand anderes.

Das ist allerdings schwieriger als gedacht. Nihan, Paula und Zoé würden sofort mitkommen, können aber alle nicht. Nihan muss zur goldenen Hochzeit ihrer Großeltern nach Stuttgart, Paula ist bei Ivana zum Geburtstag eingeladen und Zoé will zwar, darf aber nicht, weil ihre Eltern die Idee bescheuert finden. Im Gegensatz zu meinem Vater, der findet die Idee richtig cool. Er wäre auch sofort dabei, aber wie der Teufel es will, hat er ausgerechnet dieses Wochenende unglaublich viel zu tun und muss jede freie Minute effektiv nutzen. Sagt er. Er hielte es sowieso für besser, wenn wir in Begleitung einer Frau dahingingen. Kathrin käme bestimmt mit, die sei doch immer für derartige Selbsterfahrungstrips zu haben.

Aber wie auch immer, er unterstütze uns mit allem, was ihm möglich sei. Keine Ahnung, was das sein soll. Nicht, dass ich scharf drauf wäre, dass ausgerechnet er mit uns kommt, im Gegenteil. Aber so groß ist die Auswahl an möglichen Kandidaten leider nicht. Mein Onkel Feridun war von Anfang an nur zweite Wahl. Ich wusste schon, warum. Er meint, ihm sei schon klar, dass er auf viele den Eindruck macht, aber er sei echt nicht der Survivaltyp mit Betonmatratze, Schlafsack und Taschenmesser im Anschlag. So einer, der sich auf seine Urinstikte besinnt, hinterm Busch pinkelt und Ratten den Kampf ansagt.

Zum Schluss bleiben nur noch Hennig und Inka übrig. Auch nicht wirklich vielversprechend. Wer möchte schon mit zwei Turteltäubchen die Nacht verbringen?! Aber die beiden sind so verblendet, dass sie sich bestimmt überall wohlfühlen. Mein Plan ist, sie mit Romantik zu kriegen: sternenklarer Himmel, laue Winternacht, Kerzenschein, Sternschnuppen. Glückseliges Einschlafen.

Die Antwort kommt prompt.

Klingt verlockend! Wo ist der Haken?
Kann leider nicht mitkommen, liege mit Erkältung im Bett, wäre aber sehr gerne mit euch glückselig eingeschlafen! Hennig

Schade!!!! Und Inka???

Ist bei ihren Eltern in Schwerin und hält es nicht mal für nötig, mich zu pflegen!!!

Mist! Ich stelle die Musik laut und schmeiße mich aufs Bett. Was soll ich denn jetzt machen? Alleine gehe ich da garantiert nicht hin. Überhaupt stecken wir fest. Sackgasse! Dabei haben wir uns richtig reingehängt, sind allen Hinweisen aus dem Tagebuch nachgegangen, und was hat es gebracht? Nichts! Wir haben immer noch keine Ahnung, wo sie steckt. Wobei, so ganz stimmt das nicht. Ich bin mir nämlich ziemlich sicher, wo sie steckt: in Schwierigkeiten! Auf jeden Fall mache ich mir Sorgen um Coco. Hätte mir das damals im Park jemand gesagt, hätte ich es nicht für möglich gehalten.

Wir müssen unbedingt das Tagebuch weiterlesen, aber Louise meldet sich nicht, obwohl ihr Tischtennistraining längst zu Ende ist. Aber die ist ja jetzt beschäftigt, garantiert Eis- oder Pizzaessen mit Paul. Paul Clemens Kluge. Voll spießiger Name! Im Gegensatz zu Kolja. Was der wohl gerade macht?

Ehrlich gesagt, weiß ich es ja: Donnerstags und freitags hat die A-Jugend vom BSC um achtzehn Uhr Training. Nicht, dass ich Kolja stalke, ich war nur neugierig, ob er wirklich bei denen spielt. Auf dem Mannschaftsfoto hat ein Junge auf jeden Fall verdammt viel Ähnlichkeit mit ihm. Leider stehen keine Namen drunter, aber ich bin mir sicher, das ist er. Die Fußballplätze vom BSC liegen mehr oder weniger auf dem Weg zu unserem Hockeyplatz. Wenn ich in letzter Zeit da vorbeifahre, kriege ich Magensausen, trete noch schneller in die Pedale und starre stur geradeaus. Nicht auszudenken, wenn Kolja plötzlich dasteht. Oh Gott, nee, diese ganze Gefühlsduselei macht mich noch ganz kirre! Dabei habe ich ihn erst zwei Mal gesehen. Kolja und Amra. Wenn ich die Prozentzahl der Liebe ausrechne, was ich normalerweise nie mache, weil es total kindisch ist, aber dann doch gemacht habe, kommen 100 Prozent raus. Volltreffer. Bei Louise und Paul sind es gerade mal 65 Prozent.

Ich sehe Louise genau vor mir, wie sie genüsslich von ihrer Pizza Diavolo abbeißt und Paul mit ihren karamellbraunen Augen anstrahlt. Während Paul lächelnd sein Haar nach hinten streift, ihre Hand ergreift ...

Es klopft an der Tür. Erschreckt fahre ich hoch. „Ja?"

Louise stürmt rein, pfeffert ihre Sporttasche auf den Boden und schaut mich vorwurfsvoll an. „Warum antwortest du denn nicht? Ich klopfe und klopfe."

„Klopfe?", sage ich verdattert und rapple mich aus dem Bett. „Warum? Ich meine, ich dachte, du bist, nein, ihr seid Pizza essen?"

„Pizza?", fragt sie und ich nicke. „Ich komme vom Training und bin hier, um dir mitzuteilen, dass ich mitkommen werde! Und dann fängt sie an zu erzählen: Fast wäre ihr die Kinnlade runtergeknallt, als plötzlich Paul in der Halle stand. Paul ist ein Kumpel von Louises Tischtennislehrer, und der ... na ja auch egal. Auf alle Fälle spielt Paul wirklich gut, nicht so gut wie sie, aber doch schon sehr gut und überhaupt ist er einfach wahnsinnig nett ..."

Ich kapiere gar nichts mehr. „Will Paul etwa mit?"

„Wie kommst du denn darauf? Du glaubst doch jetzt nicht im Ernst, ich mache nur mit, wenn er auch kommt?" Louise wirft mir einen strafenden Blick zu.

„Nein, natürlich nicht", stammele ich. „Ich dachte nur, dass du ihm vielleicht davon erzählt hast, und er ..."

„Habe ich auch", fällt Louise mir ins Wort. Und er wäre auch mitgekommen, aber er muss arbeiten. Das ärgert ihn brutal, weil ihn die ganze Wohnungssituation in Berlin ankotzt. Er will endlich raus bei seiner Mutter, findet aber nichts, was er zahlen kann. Nicht einmal ein WG-Zimmer. Er meint, für uns ist dieses Sleepout so was wie ein Pfadfindertrip, aber für andere ist es die bittere Realität!" Ich nicke und tue so, als könnte ich ihr folgen. Louise quasselt ohne Punkt und Komma weiter: „Weißt du, warum so viele Obdachlose eine Kapuze tragen? Damit sie nachts das Gefühl haben, beschützt zu sein. Stell dir das mal vor! Die schieben sich zum Schlafengehen die Kapuze ins Gesicht, so wie wir die Vorhänge zumachen. Diese Aktion ist echt wichtig! Und darum komme ich auch mit, aber wenn es komisch wird, wenn wir uns unwohl fühlen, hauen wir sofort ab. Versprochen?"

„Abgemacht!"

Auf Louise kann ich mich eben doch verlassen!

16.

"Habt ihr eure Schlafsäcke und Isomatten dabei?", fragt mein Vater, der rauchend neben uns steht, während wir unsere Fahrräder im Hof beladen. „Denkt an die Pappe zum Drunterlegen! Und, sagt mal", er schnüffelt um sich rum, „was stinkt hier eigentlich so?"

„Pfefferminzöl. Hoch konzentriert", antworte ich. „Ratten und Mäuse hassen den Geruch."

Hoffentlich stimmt das auch. Schon allein bei dem Gedanken, dass die da rumflitzen und womöglich noch in meinen Schlafsack krabbeln, sträuben sich bei mir sämtliche Nackenhaare.

„Gute Idee", meint Papa. „Habt ihr auch Plane zum Darüberlegen, falls es regnet oder schneit?"

Ich rolle mit den Augen. „Papa, wir haben 13 Grad und sternenklaren Himmel."

„Man weiß ja nie. Toilettenpapier, Pflaster, Pfefferspray? Eine funktionierende Taschenlampe?"

„Logisch! Die mit integriertem Messer, eingebautem Nothammer und einer Reichweite von 300 Metern." erklärt Louise trocken.

Mein Vater nickt anerkennend. „Sehr gut! Papier, Stift, Kuschelkissen?"

„Kuschelkissen? Papa wirklich, du nervst langsam!", stöhne ich.

„Handys? Aufgeladen? Und wenn was ist, meldet ihr euch sofort!", sagt er jetzt ganz ernst.

„Was soll denn sein?", frage ich entgeistert.

„Egal, ihr meldet euch so oder so, verstanden?" Er zieht die Augenbrauen hoch und sieht mich mit durchdringendem Vaterblick an. „Und die anderen aus der Schülerredaktion sind ganz sicher dabei?"

Ich werfe ihm einen genervten Blick zu. „Wir müssen jetzt los."

„Okay. Ich hol schnell mein Fahrrad."

„Wie? Willst du etwa mit?" Ich bin ernsthaft entsetzt. Das kann doch wohl nicht wahr sein, oder?!

Mein Vater hebt beschwichtigend die Hände. „Keine Panik, ich bring euch nur. Dann kann ich mal sehen, wie das ..."

„Nee, du bleibst hier!", befehle ich.

„Wieso das denn? Gestern wolltest du mich doch unbedingt noch dabeihaben", protestiert er.

„Da wusste ich auch noch nicht, dass die anderen mitkommen."

Louises Handy klingelt. „Nicht schon wieder." Sie verdreht die Augen und zieht scharf die Luft ein.

„Das ist jetzt schon das dritte Mal, dass ihr Dad anruft. Langsam nervt ihr", raune ich meinem Vater zu.

Abrupt dreht Louise sich um, kichert, wickelt eine Locke um den Zeigefinger und verschwindet in Richtung Mülltonnen.

„Scheint diesmal aber nicht ihr Vater zu sein", flüstert

Papa mir zu.

Louise taucht wieder auf und ihr erstes Wort ist „Scheiße". „Das war Paul. Die haben den Sleepout kurzfristig abgesagt, stand bei Facebook", motzt sie.

„Bei Facebook? Wer außer meinem Vater, bitte schön, ist noch bei Facebook?", rufe ich fassungslos.

„Sie sind selber gefrustet, schließlich haben sie das Ganze wochenlang vorbereitet und müssen jetzt feststellen, dass der Aufwand für die wenigen Leute, die bereit sind mitzumachen, einfach zu hoch und vor allem zu teuer ist", seufzt Louise.

Na toll!

Wütend und enttäuscht hocken wir auf Louises Bett, dem einzig freien Platz in ihrem Zimmer, hören Musik und futtern Minibouletten mit Tortilla Chips und Ketchup. Danach wartet meine Lieblingsschokolade auf uns: Edelvollmich mit Salzkristallen. Vorausgesetzt, Louise findet sie, denn in ihrem Zimmer sieht es messimäßig aus. Sie hortet einfach alles, was sie glaubt noch brauchen oder verkaufen zu können. Keine Ahnung, wer scharf auf durchgelatschte Lammfelleinlagen sein soll oder kaputte DVDs braucht? Das ganze Zeug liegt auf dem Boden rum, wird ab und zu mal in den Keller geschleppt und verrottet dann da. Wäre das mein Zimmer, ich würde die Krise kriegen. Aber in ihrem fühle ich mich sauwohl.

„Ich habe noch mal drüber nachgedacht, was du gestern erzählt hast – über die Menschen ohne eigenes Zuhause", überlege ich. „Das haben die sich bestimmt auch anders vorgestellt. Und dann werden sie aus ihrem Leben geworfen und landen dort, wo sie bestimmt nie hinwollten. Wie Coco. Was kann die eigentlich dafür, dass ihr Vater nichts von ihr wissen will, Carlos gestorben ist und ihre Mutter säuft?"

„Natürlich nichts!", ruft Louise.

„Und was kannst du dafür, dass deine Mutter sich nicht mit Schnaps unter den Tisch trinkt, sondern sich lieber auf ihrer Yogamatte räkelt und grünen Biotee schlürft?", lege ich nach.

„Genauso nichts!"

Ich gucke sie triumphierend an. Genau mein Punkt!

„Eben. Glück gehabt. Bis jetzt!"

Louise steht auf dem Schlauch. „Wie, bis jetzt?"

„Wer garantiert mir denn, dass meine Mutter nicht morgen in China an einer Fischvergiftung stirbt? Mein Vater kommt damit nicht klar und fängt an, irgendwelche Pillen einzuwerfen. Das geht natürlich nicht lange gut. Er verliert seinen Job und um an Geld zu kommen, lässt er sich auf krumme Geschäfte ein. Da würde mir noch viel mehr einfallen. Auf jeden Fall war's das dann mit dem Glück."

Louise sieht mich eindringlich an. „Amra, das glaubst du doch selber nicht."

„Nee, eigentlich nicht."

„Also, dann hör auf mit dem Blödsinn!" Sie greift zielsicher in einen Wäschehaufen und zieht die Salzkristallschokolade heraus. „Die Hälfte rücke ich raus und dann lesen wir weiter!"

24. September
Geld ist nicht mehr viel über. 85,40 Euro. Damit komme ich nicht weit.
Felix kann mir einen Job im Imbiss besorgen. Fritteuse, Pommes machen. Wie Mama. 5 Euro die Stunde plus Trinkgeld. In Hellersdorf, das ist fast Endstation. U5. Kann bei seinem Kumpel auf dem Sofa schlafen. Fette 12 Euro will der die Nacht, Aber er ist hundert Pro kein Fummler sagt Felix. Normal schlafe ich nicht bei Typen, schon mal gar nicht bei Typen, die ich nicht kenne. Typen sind immer Risiko. Irgendwann werden sie scharf und schnallen kein Nein. Dann musst du auf Alarm stellen. Daria ist an so einen Arsch geraten. Hat erst auf hilfsbereit gemacht und als sie dann nicht so wollte wie er, hat er sie verprügelt und rausgeschmissen. Diese Schweine lauern überall.

In der U-Bahn war eine Werbung für klinische Studien. So heißt das, wenn sie Menschen suchen, die Medikamente ausprobieren. Kann gefährlich sein, deshalb bezahlen sie dich. Je gefährlicher, desto mehr kriegst du. Wenn sie die Sachen bisher nur an Mäusen ausprobiert haben, ein paar tausend Euro. Krass. Damit sie sehen, wie du klarkommst, geht's ins Krankenhaus. Jeden Morgen ein frisch bezogenes Bett. Essen wird serviert, dreimal am Tag. Kaffee, WLAN und Glotze sind inklusive. Nicht verkehrt. Geht aber nicht, muss man 18 für sein.

Ich habe gebettelt. Versucht. Ich weiß gar nicht, was an Betteln nicht korrekt sein soll? Wenn man nichts hat. Aber wo? Fußgängerzone? Bankautomat? Bioladen? Ich bin in den U-Bahnhof. Adenauerplatz. Als keiner gekuckt hat, habe ich mich schnell neben den Ticketautomaten gesetzt, Kapuze über den Kopf, Pappbecher auf den Boden. Hatte aber nicht zu Ende gedacht – kein Schild geschrieben. Und was hätte dadrauf gesollt? „Erbarmen, eine kleine Spende für ein armes, hungriges Mädchen"? Oder: „Habe Krebs, aber kein Geld fürs Krankenhaus"? Ich hatte echt Horror vor den Blicken. War nicht nötig, die meisten sehen dich gar nicht. Zwei Stunden habe ich durchgehalten. Betteln geht gar nicht. So klein mache ich mich nicht.

Ab und zu stecke ich was ein. Nichts Großes. Schokolade zum Beispiel. Oder Wurst. Zigaretten ist schwer, da passen sie auf wie der Teufel. Und ich bin noch nicht mal eine Diebin: Wenn man Hunger hat, darf man so viel einstecken, dass man davon satt wird. Das ist Mundraub. Steht so im Gesetz.

30. September
Die Nacht in der Laube war Horror. Keine Luft, komplett stickig und muffig. Hab's nicht ausgehalten und das Fenster ein mini Stück aufgemacht. Scheiß Idee! 5000 Mücken sind über mich hergefallen. Die Viecher waren ohne Gnade, es juckt trotz Spucke wie Hölle und ich sehe aus wie ein Streuselkuchen. Und dann diese Hitze. Es ist Sonntag, also Frühschicht. Ich muss verschwinden, bevor die Campingfrösche einfallen. Also in den Park, ein paar Bierflaschen gesammelt und auf meine Bank.

Die Mutter und ihre Tochter waren auch da. Als die Mutter mich gesehen hat, hat sie mich gegrüßt. Als ob wir uns kennen. Auf jeden Fall haben sie wieder ihre Runden gedreht, die Kleine hat diesmal richtig Gas gegeben. Aber nicht lange, dann hat sie schlapp gemacht. Ist auf mich zu gehumpelt, hat mich blöd angeglotzt und ist dann weiter zu den Rädern. Ich habe gespürt, wie sie mich von der Seite anstarrt. Die ganze Zeit. Dachte, ich merke es nicht. Wenn ich rübergekuckt habe, hat sie schnell weggekuckt, so als hätte ich sie erwischt. Es war so klar: Die fand mich fies und abstoßend. Und das Schlimmste: Sie hatte recht. Ich habe mich so geschämt. Die Tränen liefen runter auf mein neues Shirt.

Plötzlich stand die Mutter vor mir, hat mich angelächelt und mir ein Taschentuch unter die Nase gehalten. Ihr Name sei Deike und ob es irgendetwas gibt, was sie für mich tun kann. Sie würde mir gerne helfen. Genau wie die Frau aus der Bücherei. „Duschen", habe ich gesagt. „Ich würde gerne duschen." Wenn sie schon so blöd fragt. Die wusste echt nicht, was sie sagen sollte. Nach einer Ewigkeit meint sie: „O.k., wenn du magst, kannst du bei uns duschen. Aber heute ist schlecht. Heute geht nicht. Besser morgen." Absage. Zu feige zuzugeben, dass sie das so mit der Hilfe nicht gemeint hat. Eine Packung Tempos hätte sie verkraftet. Zwei Euro, vielleicht sogar fünf. Oder zehn. Aber nicht, dass ich bei ihr auflaufe. Ich Idiot habe mich auch noch artig bedankt: „Das ist aber wirklich nett von Ihnen." Der Kleinen sind fast die Augen aus dem Kopf gefallen. Hat ihren Mund gar nicht mehr zugekriegt und ist dann voll wütend hinter der Mutter her.

1. Oktober
Felix hat sich gemeldet. Ich soll Dienstag zum Probearbeiten kommen. So, wie ich aussehe, kann ich da nicht auflaufen. Fast hätten sie mich bei Rossmann gekrallt, als ich die Haarfarbe unters Shirt geschoben habe. War dämlich, ist ganz klar Ladendiebstahl. Besser in eine Einkaufstasche stecken, dann kannst du dich rausreden. Hatte aber keine Einkaufstasche, und die Dicke an der Kasse hat's gecheckt und gleich richtig Alarm gemacht. Bis die ihren Arsch hochgekriegt hat, war ich dreimal draußen.

Die Mutter hatte doch nicht gelogen, Mommsenstraße war korrekt. Fette Häuser. Goldene Klingelschilder. Eine Cam checkt, wer rein will. Ich klingele, die Tür öffnet sich. Ich trete meine Kippe aus und folge dem roten Teppich in den vierten Stock, laufe um ein Haar in eine Rentnerbarbie rein. Die fragt mich: „Kann ich Ihnen helfen, junge Frau?" Das ist jetzt die Dritte. Bloß hat die es nicht gemeint. Gemeint hat sie: „Du hast hier nichts verloren. Verpiss dich!" Ich sage: „Herzlichen Dank, gnädige Frau, aber ich finde mich alleine zurecht." Cool. Gemeint habe ich: „Verpiss dich selbst!" Hat gesessen. Die hat kein Wort mehr gesagt.
Trotzdem wäre ich fast wieder umgekehrt. Ich sehe scheiße aus und so fühle mich auch. Wenn ich ab morgen in der Frittenbude stehe, stinke ich sowieso wie ein Meerschweinchen. Kann ich mir das Duschen auch gleich sparen. Aber diese Deike stand schon in der Wohnungstür.

„Schön, dass du gekommen bist!" Ich weiß immer noch nicht, was die eigentlich von mir will. Voll stylish sah sie wieder aus. Enges kariertes Kleid und grüne Boots. Egal. Drinnen macht ein Typ auf lässig, schätze ihr Mann. Lehnt im Türrahmen und meint: „Hi!"
Sie sagt: „Komm, ich zeig dir, wo du duschen kannst." Ich stiefele hinter ihr her. Im Flur hängt ein Foto von einem Albino in lilanem Rollkragenpullover. Unter weißen Wimpern starrt er einen aus stechend blauen Augen an. Die Wohnung ist riesig, überall Türen. Frage mich, was dahinter ist. Einmal konnte ich reingucken. „Unser Gästezimmer", meinte Deike. Cool. So Leute müsste ich kennen. Ihr Mann schleicht die ganze Zeit in ein paar Meter Abstand hinter uns her, und sie holt ein paar Handtücher aus einem Wandschrank. Die war voll nervös, hat nicht damit gerechnet, dass ich wirklich auftauche, und jetzt muss sie höllisch aufpassen, dass ich nichts einstecke. „Hier ist es. Lass dir Zeit. Wenn du magst, kannst du deine Klamotten rauslegen, ich muss sowieso waschen."
Ich also rein und abgeschlossen. Und ob ich mir Zeit lasse! Alles hier ist Luxus. Voll edel! Die Wasserhähne. Weiche Handtücher. Ich mittendrin in der Wanne unter einem Riesenberg Schaum. Der Schrank von dieser Deike ist genial. Ein Regal nur mit Nagellacken, bestimmt siebzig Stück, voll pingelig nach Farben sortiert. Einen nehme ich, das merkt die nie. Und Parfüms. Und Tuben und Pinsel und Sprays. Ich werde hier top gestylt rausgehen! Die schleichen die ganze Zeit vor der Tür rum und stellen blöde Fragen. Die sind nervös.

Fuck! Felix hat angerufen. Nessa ist tot. Ist auf der Titelseite von der BZ. Mit Foto. Sie war die Geisterfahrerin auf dem Stadtring. Ohne Führerschein vollgedröhnt erst in einen anderen Wagen, dann in die Leitplanken geknallt. Zwei Tote, zwei Schwerverletzte. Alles für einen Kick! Was ist das bloß für eine große Scheiße? Ich habe ihre Fotos auf Insta gecheckt. Sie hat als Speedjunky gemodelt. Nur im String, betäubt und komplett neben der Spur liegt sie in einer Zimmerecke und glotzt in die Kamera. Hundertvierzehn Likes. Das ist übrig geblieben von ihr.
Mach's gut Nessa.

Sämtliche Farbe sackt aus meinem Gesicht. Mein Magen zieht sich zusammen und alles, was eben noch reinging, will wieder raus. „Die Bouletten kommen ...", ich presse die Hand vor den Mund.

„Oh, nein!", kreischt Louise, schaut sich suchend um, schnappt sich den Papierkorb und schiebt ihn mir zwischen die Beine. Pizzareste, durchgekaute Kaugummis, vertrocknete Blumen und kaputte Strümpfe starren mich an.

„Und?", fragt sie.

„Kommen doch nicht."

Louise zieht eine Augenbraue hoch. „Sicher? Ich habe mindestens sechs davon gegessen. Waren eigentlich ganz lecker. Meinst du, die waren schlecht?"

Ich hole tief Luft und lasse mich rücklings aufs Bett fallen. „Die Bouletten sind doch nicht schuld!"

„Sondern?"
„Ich!"
„Du?"
„Ja, ich. Weißt du, dass ich mich nicht einmal gefragt habe, wie Coco sich dabei gefühlt hat, bei fremden Menschen duschen zu müssen? Sie ist siebzehn Jahre alt. Hat keine Familie. Keine Freunde und kein Badezimmer. Das musst du dir mal reinziehen! Und dann genießt sie es, in unserer Badewanne zu liegen – und ich, was mache ich? Ich schiebe Panik, weil sie eventuell meine Bürste benutzt oder die Nagellacke durcheinanderbringt. Was glaubst du denn, warum sie im Park geweint hat?" Ich zeige auf mich. „Meinetwegen, weil ich mich wie eine verwöhnte, arrogante Zicke verhalten habe. Und die bin ich auch. Ich habe sogar noch erzählt, sie würde saufen, dabei hat sie die Bierflaschen wegen des Pfands gesammelt. Und weißt du, was das Schlimmste ist: Coco hat mich durchschaut. Sie hat recht mit dem, was sie geschrieben hat. Ich fand sie fies, stinkend und abstoßend, und ich wollte absolut nicht, dass sie bei uns duscht." Endlich ist es raus. Tränen kullern mir aus den Augen.

Sekundenlang ist es still im Zimmer.

„Meinst du, ich fände es toll, wenn so jemand bei uns duschen will?", fragt Louise mitfühlend. „Bestimmt nicht. Und die meisten anderen auch nicht. Die finden das zwar garantiert voll sozial, und normalerweise würden sie es ja auch machen, aber wenn's drauf ankommt, kneifen sie. Ihr habt wenigstens nicht gequatscht, sondern habt es getan. Und noch was: Wenn ich eine arrogante und verwöhnte Zicke zur Freundin haben möchte, dann schnappe ich mir

Yvette-Lou! Verstanden?"

Louise nimmt mich in den Arm. Sie zu spüren fühlt sich so gut an, dass ich fast schon wieder weinen könnte. „Und jetzt lass mich unter die Decke, mir ist kalt!"

Mitten in der Nacht werde ich wach. Mein Handy. Scholli.

> Hi, mir ist noch was eingefallen.
> Frag doch Cocos Oma!

> Weiß nicht, wo die wohnt.

> In Wilmersdorf. Im Sommer in ihrer Datsche.

> Echt? Die hat ne Datsche? Wo denn?

> Bei der Autobahnauffahrt Wilmersdorf.
> Eine Kirche muss da auch sein. Das
> Gebimmel hat Coco total genervt.

> Sag mal: Wie war Coco eigentlich so?

> Einsam. Tat mir irgendwie leid.

> Hast du sie deshalb umsonst reingelassen?

> Hat Thorsten die Labertasche dir das
> gesteckt? Die war ja noch nicht mal im
> Wasser. Hat stundenlang die Turmspringer
> beobachtet. H2O-Phobie, wenn du mich
> fragst. Und das bei dem Vater!!!!!

> ??? Wieso Vater? Was hat der denn damit zu tun?

Der arbeitet doch auf der MS Caribbean Queen. 12 Wochen auf See, 4 Wochen Landgang. Darum war sie doch bei der Oma.

> Und was ist mit ihrer Mutter?

Keine Ahnung.

> Hast du Coco umsonst reingelassen???

Ganz schön neugierig!

> Kann nichts dafür :-) Hast du????

Hat sich meistens den Eintritt verdient :-)

> Verdient???

> Scholli, was ist los? Melde dich doch. Ist echt wichtig!!!!!!!

Mist: Die Verbindung ist weg. Ausgerechnet jetzt! Ich rufe zurück. Sofort springt der AB an. Ich frage mich, womit Coco sich ihr Ticket verdient hat? Was muss man denn für vier Euro fünfzig machen? Ob die beiden was miteinander hatten? „Typen sind Risiko", hat Coco geschrieben. Obwohl, Scholli hat genug Verehrerinnen, der hat es nicht nötig. Da war nichts. Das ist totaler Quatsch. Genauso wie die Story von ihrem Vater und dem Kreuzfahrtschiff. Trotzdem google ich MS Caribbean Queen. Die gibt es tatsächlich, fährt seit zehn Jahren von Hamburg in die Karibik – auch nach Kuba. Vielleicht hat Carlos wirklich mal dort gearbeitet, aber definitiv nicht mehr nach seinem Tod.

17.

Wir schlafen tief und fest, als um Viertel vor sechs die nächste Nachricht kommt. Echt jetzt? Wer ist denn um die Zeit schon wach?!

> Coco ist aufgetaucht. Gebt das Tagebuch bitte bei meinem Kollegen ab!!! Werde es da abholen und ihr geben. M. Kowaczek

Schlagartig sind wir wach. Wir können es gar nicht fassen. Coco ist wieder da? Wo denn? Und vor allem: Was bildet sich die Kowaczek eigentlich ein? Wochenlang haben wir uns den Arsch aufgerissen, um Coco zu finden, und dann knallt sie uns diesen lapidaren Satz an den Kopf: „Bitte bei meinem Kollegen abgeben!!!" Mit drei Ausrufezeichen! Nur durch uns hat die Kowaczek doch erst erfahren, dass dieses Tagebuch überhaupt existiert. Nicht, dass wir großartig was erwartet haben, aber ein „Danke, mir gehts gut" von Coco oder ein Gespräch oder ein Interview wären schon toll gewesen. Stinkewütend hocken wir auf dem Bett. So lassen wir uns nicht abspeisen.

> Coco kann das Tagebuch bei
> uns abholen! Amra & Louise

Geht leider nicht. Tut mir einfach
den Gefallen. Sie wird sich später
bei euch melden.

> Was ist denn los?

Coco liegt im Krankenhaus. Muss mich
gerade um wahnsinnig viel kümmern,
wäre euch dankbar, wenn ihr das Buch
einfach abgebt. Danke!

> OMG! Krankenhaus?
> In welchem denn? Warum?

Intensivstation. Vielleicht
hilft ihr das Buch. Ich bete.

„Beten, das klingt, als würde sie vielleicht sterben", flüstert Louise. Fassungslos schauen wir uns an. Was ist Coco bloß passiert?

> OK. Wir geben das Buch morgen ab.
> Gute Besserung für Coco!
> Liebe Grüße Amra & Louise

Schweigend geht Louise in die Küche. Ich höre Gläser klirren, den Kühlschrank, wie er auf- und zugemacht wird. Kurze Zeit später kommt sie mit zwei Gläsern Grapefruitsaft zurück, lässt sich auf ihren Schreibtischstuhl plumpsen, dreht sich um und zeigt auf ein kupferfarbenes Geschenkpapier, das sich ganz unten in dem Wust auf ihrem Schreibtisch befindet. „Wie findest du das?"

„Wofür?", frage ich verständnislos.

„Fürs Tagebuch. Und irgendwo habe ich noch eine Karte mit einem Golden Retriever, die ..." Louise beugt sich runter, stößt dabei gegen ihr Glas, das kippt um und der gelb-rosarote Saft läuft quer über Cocos Tagebuch.

„Oh, nein!", schreit sie und zieht es mit Schwung vom Tisch. Safttropfen spritzen durchs Zimmer.

Louise versucht, das Buch mit einem Shirt trocken zu tupfen. „Amra, schau mal, hier innen! Was ist das?" Vorsichtig fängt Louise an, an dem Buch rumzuknibbeln.

Ich recke neugierig den Kopf über ihre Schulter. „Was denn?"

„Hier, guck mal, wie dick der Buchdeckel ist! Da hat jemand absichtlich mehrere Seiten zusammengeklebt. Da steckt doch was drin?"

Ich halte den Atem an.

Vorsichtig, mit Daumen und Zeigefinger, öffnet Louise die Seiten und zieht einen weißen gefalteten Zettel heraus. Mein Handy piept. Egal! Das hier ist wichtiger.

Louise faltet den Zettel auseinander.

geschwister.

Themen **Blog** Über uns

geschwister.blog Halbschwester gesucht

F Ludwig, vor 8 Monaten
Hallo, ihr da draußen, bin zum ersten Mal hier und brauche euren Rat wegen meiner kleinen Pflegeschwester. Sie war drei, als ihr Vater gestorben ist, ihre Mutter ist damals richtig durchgedreht, hat Drogen genommen und ist abgehauen. Deshalb ist sie zu uns gekommen. Ihre ältere Schwester aber nicht, die ist im Heim gelandet. Das Jugendamt hat uns erzählt, dass sie damit nicht klargekommen ist und sehr unter der Trennung gelitten hat.
Allerdings haben wir davon nichts gemerkt. Nicht ein einziges Mal hat die sich bei uns gemeldet. Dabei haben meine Eltern und das Jugendamt ihr sogar angeboten, dass die beiden sich mal sehen können, aber die hat total dicht gemacht. Wollte absolut nichts mehr von ihrer Schwester wissen und hat den Kontakt total abgebrochen. Ich versteh nicht, wieso. Die beiden waren nur Stiefschwestern, aber das ist doch kein Grund.
Das Einzige, was meine Schwester von ihrer alten Familie noch hat, ist ein weißer Teddybär und ein Urlaubsfoto aus der Karibik. Auf dem sitzt meine Schwester auf der Theke einer Strandbar und schleckt an einem bunten Eis. Hinter ihr knutschen die Eltern und neben ihr steht die Schwester im Bikini mit langen blonden Haaren und macht Hasenohren. Die muss inzwischen sechzehn oder siebzehn sein. Ich würde sie echt gern kennenlernen und sie fragen, warum ihr meine, also ihre Schwester so egal ist. Aber wie soll ich sie finden, wenn ich noch nicht mal weiß, wo sie jetzt lebt? Was würdet ihr machen?
Danke schon mal. Ludwig, 14 Jahre

A Dennis: Scann das Foto ein und jag es durch die Suchmaschine! Bringt am meisten.

A Harald: Bloß nicht. Was einmal im Netz drin ist, kriegste nicht mehr raus! Spreche aus Erfahrung.

A Sherlyn: Und deine Eltern, was sagen die zu deiner Suche?

A Ludwig: Die haben gerade andere Probleme.

A Jamee: Versuchs mal übers Fernsehen. Bei VERMISST.

A Tina: Vielleicht hat sie Angst, sich bei euch zu melden?

A Ludwig: Wieso das denn? Das ist doch totaler Quatsch.

Unglaublich! Louise und ich starren uns an. Ganz klar: Ludwig ist Jasmins Pflegebruder und er sucht auch nach Coco.

„Warum hat Coco sich bloß so viel Mühe gegeben?", grübelt Louise laut. „Sie hätte den Ausdruck auch einfach zwischen die Seiten legen können."

„Vielleicht wollte sie sichergehen, dass sie ihn nicht verliert oder keiner ihn liest?"

Louise verzieht den Mund. „Das steht doch alles im Netz."

„Schlimm genug", erwidere ich. „Was für ein Schock muss das für Coco gewesen sein, ihre Familiengeschichte im Netz zu lesen? Und dann noch von jemandem geschrieben, den sie gar nicht kennt."

Louise wirft mir einen verständnislosen Blick zu. „Was hätte Ludwig auch sonst machen sollen? Außerdem hat er weder Namen erwähnt noch irgendetwas Doofes geschrieben. Im Gegenteil: Jasmin ist ihm wichtig und darum will er wissen, warum Coco sich nicht für sie interessiert. Vielleicht wünscht er sich sogar, dass die beiden sich mal kennenlernen?"

„Na ja, er hätte sich auch beim Jugendamt erkundigen können", werfe ich halbherzig ein.

„Der ist vierzehn und braucht garantiert die Zustimmung seiner Eltern, wenn er dort aufläuft und komische Fragen stellt."

„Vielleicht war der Blog sogar der Grund, warum sie mit dem Tagebuchschreiben angefangen hat", antworte ich. „Zeitlich passt es auf alle Fälle zusammen."

„Ich verstehe das nicht", stöhnt Louise. „Auf der einen

Seite vermisst sie Jasmin und auf der anderen Seite unternimmt sie rein gar nichts, um sie wiederzusehen."

„Vielleicht hat sie Angst, dass die Familie nichts mit ihr zu tun haben will."

Louise zieht die Augenbraue hoch. „Oder, dass sie den Familienfrieden stört."

„Oder", ich hebe die Hand, „sie hat Angst, dass sich Jasmin tatsächlich nicht mehr an sie erinnert. Das wäre allerdings richtig scheiße", füge ich leise hinzu.

„Aber gut möglich, Jasmin war damals schließlich erst drei. Erinnerst du dich noch, was du in dem Alter gemacht hast?"

„Ich? Nee, aber bei uns war auch alles normal, also nichts Einschneidendes oder so ..." Ich gerate ins Stocken. „Du weißt schon, was ich meine? Alles schick eben."

„Angenommen", Louise schaut mir direkt in die Augen, „dein Vater erzählt dir, Coco ist deine Halbschwester. Wie würdest du das finden?"

„Ich? Die? Oh Gott, das wäre, ich meine ..." Ich beiße mir auf die Unterlippe.

„Ginge mir genauso", sagt Louise verlegen.

Ich grinse erleichtert. „Aber wenigstens ein Mädchen."

Louise schnappt sich ihr Handy. „Weißt du was? Ich check mal den Blog, vielleicht hat Coco ja auch was geschrieben."

„Und ich checke meine Nachrichten."

Eine ist von Sebastian. Coco wird tatsächlich vermisst. Die Polizei vermutet, dass sie sich in Berlin aufhält. Mehr könne er uns noch nicht sagen, aber er hat versprochen, sich zu melden, wenn es was Neues gibt. Sebastian ist echt nett.

So ein Mist, dass Coco ihm nicht über den Weg gelaufen ist. Außerdem hat Scholli sich gemeldet.

> Sorry, Funkloch in der Wüste. Bin aufm Weg zum Uluru. Im Lochow können die Kids zum Feierabend den Müll vom Rasen aufsammeln. Dafür gibt's Gratis-Tickets. Hat Coco auch gemacht. Good Luck.

> Ach so! DANKE!

„Und bei dir?", frage ich Louise.

Die scrollt nach unten, wieder nach oben, dann stockt sie und schaut hoch. „Der Beitrag ist verschwunden", antwortet sie erstaunt.

„Ludwigs Beitrag? Echt?", frage ich ungläubig und beuge mich vor.

„YEP. ‚Vom Verfasser gelöscht' steht hier!"

„Wann?", will ich wissen.

„Vor zwei Tagen", antwortet Louise.

18.

Jetzt ist das Buch weg. Wir haben es zusammen mit der Karte und einer Tüte Mäusespeck bei Frau Kowaczeks Arbeitsstelle abgegeben. Ewig haben wir überlegt, was wir Coco schreiben können, aber mehr als: „Wir wünschen Dir alles Gute! Werde wieder gesund. Wir drücken Dir die Daumen!", ist dabei nicht rausgekommen. Ihr Kollege, dieser Gassmann, hatte zum Glück keine Zeit, uns irgendwelche Fragen zu stellen, aber er hat versprochen, das Buch der Kowaczek höchstpersönlich zu überreichen. Louise ist sich sicher, dass Coco sich bei uns melden wird. Ich nicht.

Wir sitzen auf der Tribüne des Wilmersdorfer Eisstadions und warten darauf, dass die Eisbahn endlich fertig präpariert ist. Heute ist Flutlichtparty, alle drei Wochen findet die statt und wir lassen keine aus. Gefühlt hängt ganz Wilmersdorf und die halbe Schule dann hier ab. Meistens machen wir Eisschnelllauf. Zwei Teams mit jeweils drei Läufern. Jedes Teammitglied läuft eine Runde und klatscht dann den nächsten Läufer ab. Und das dreimal. Klingt einfach, ist es aber nicht, besonders nicht, wenn es pickepackevoll ist. Am schlimmsten sind die verliebten Pärchen, die knutschend die Bahn entlangschlittern.

Die sind nicht nur peinlich, sondern leider auch unzertrennlich, laufen Händchen haltend nebeneinander und wenn einer fällt, fällt der andere gleich mit, und dann der nächste – wie Dominosteine.

Heute laufe ich mit Louise und Paula im Team. Im anderen sind Heinrich, Tao und Levis. Dem Siegerteam winkt eine XXL-Portion Pommes rot-weiß, bezahlt vom Verliererteam. Es läuft richtig gut für uns, wir haben mindestens zwanzig Meter Vorsprung. Ich warte auf Paula. Entscheidungsrunde. Heinrich steht fünf Meter neben mir und wartet auf Tao. Paula kommt direkt auf mich zugerast, klatscht ab und lässt sich krachend gegen die Bande knallen. Ich flitze los. Die letzten 400 Meter liegen vor mir. Ich komme richtig gut auf Speed. Schnell, mit gebeugtem Oberkörper, umkurve ich alles, was vor mir liegt. Meine Kufen kratzen nicht über das Eis, nein, sie schweben. Und dann geht die Lightshow an. Farbige Laserstrahlen bewegen sich über das Eis, über die Tribüne und enden im Himmel. Freddie Mercury dröhnt aus den Lautsprechern: „Don't stop me now. Cause I'm having a good time, having ..." Und alle im Stadion singen mit. Gänsehaut pur – Wahnsinn!

Plötzlich spüre ich jemanden direkt hinter mir. Heinrich. Heinrich ist schnell, aber von dem lasse ich mich auf den letzten Metern garantiert nicht mehr überholen. Schon gar nicht bei diesem Song. „There's no stopping me. I'm burnin' through the sky, yeah!" Ich gebe noch mal richtig Gas. Heinrich allerdings auch, er lässt sich einfach nicht abschütteln. Vorsichtig versuche ich über die

Schulter nach hinten zu schielen. Maximal zwei Meter sind noch zwischen uns. Seine Jacke ... Moment mal? Heinrich trägt doch gar keine moosgrüne Jacke. Oh je, vor mir zwei Turteltäubchen, was machen die denn da? Sind die bekloppt? Ich versuche, zu bremsen, noch auszuweichen, sie rechts zu umkurven, und rumms knalle ich volle Granate aufs Eis und rutsche auf die Matten zu, die für genau diese Fälle dort hängen. Millisekunden später knallt Heinrich voll in mich rein. Das hat gekracht.

„Spinnst du?", brülle ich. Das hat mega wehgetan. Mühsam versuche ich, mich zu sortieren. Zum Glück bin ich nicht auf den Kopf geknallt! Vorsichtig bewege ich Arme und Beine. Alles in Ordnung. „Mann, Heinrich, hast du sie nicht mehr alle? Heinrich?", keuche ich atemlos. „Alles okay mit dir?"

„Geht so." Ein Kopf voller dunkler Locken rappelt sich langsam neben mir auf. „Ich bin übrigens ..." Der Junge stockt und starrt mich an. „Du"?

Ich starre zurück. Merke, wie mein Gesicht heiß wird. „Ja, äh, ich ... du?"

„Ja. Kolja."

„Weiß ich, äh ... Bioladen", stottere ich und das Blut schießt in meine Wangen. „Aber ich dachte, du bist Heinrich, also, eigentlich hättest du Heinrich ... Aber die moosgrüne Jacke ..." Oh Gott, was rede ich für einen Schwachsinn!

„I wanna make a supersonic woman of you", singt Freddie und ich bin mir sicher, doch auf dem Kopf geknallt zu sein.

„Komm, ich helfe dir." Kolja hält mir seine Hand hin.

„Nee, geht schon", stöhne ich und versuche mühsam aufzustehen. Meine linke Seite schmerzt wie Hölle. Das wird garantiert der größte blaue Fleck meines Lebens.

„Komm schon!" Kolja versucht, mich hochzuziehen. Ich wanke, rutsche aus, wanke noch mehr und klatsche wieder aufs Eis. Und Kolja mitten auf mich drauf. Sein Atem auf meiner Wange. Blitzschnell rutscht er zur Seite.

„Ich konnte nicht mehr abbremsen", sagt er.

„Ich auch nicht", antworte ich.

Wir schauen uns an und fangen an zu lachen. Einfach so. Schön.

Schon von Weitem kann ich Louises weit aufgerissene Augen erkennen. Langsam gleiten Kolja und ich nebeneinander auf sie zu. Kolja sagt nichts und ich weiß auch nicht, was ich sagen soll. Also sage ich nichts. Aus den Augenwinkeln sehe ich, wie Louise mir heimlich Zeichen gibt. Ich tue so, als sähe ich sie nicht.

„Ich fahr mal weiter. Tschüss dann", sagt Kolja.

Ich nicke. „Ja, tschüss."

Er läuft an der staunenden Louise vorbei. Die starrt ihm hinterher und brüllt dann quer über die Bahn zu mir rüber: „Ist das nicht dein BSC-Typ?"

In dem Moment dreht Kolja sich um, fährt rückwärts und ruft mir zu: „Bist du öfter hier?"

„Ich? Äh ..."

„Klar!", ruft Louise. „Wenn Flutlichtparty ist, sind wir immer hier."

Kolja lächelt, springt um und fährt vorwärts weiter.

Ich blitze Louise wütend an. „Sag mal, spinnst du? Was sollte das denn?"

„Wieso denn? Stimmt doch", antwortet Louise und schaut mich unschuldig an.

„Ja und? Und das mit ‚dein BSC-Typ'? Sag mal, geht's noch?", zische ich.

„Das hat der doch gar nicht gehört."

„Nicht gehört?", wiederhole ich fassungslos. „Das ganze Eisstadion hat das mitbekommen!"

Louise grinst schief. „Ach Quatsch. Außerdem, wenn ich nichts gesagt hätte, dann ... Wo willst du denn jetzt hin, Amra?"

„Ich muss nach Hause."

„Warte doch mal!", ruft Louise.

„Nee, keine Lust! Tschüss!"

Was Kolja jetzt wohl von mir denkt? Der hält mich doch garantiert für total verklemmt, weil ich meine Freundin für mich antworten lasse. Und dann auch noch ... Oh Gott, jetzt werde ich schon knallrot, wenn ich nur daran denke. Schnell runter vom Eis. Echt süß und voll sportlich, wie er sich so umgedreht hat. Und echt nett, dass er gefragt hat, ob ich öfter da bin. Aber vielleicht hat er es auch nur so gesagt, weil er ein schlechtes Gewissen hat? Immerhin ist er mir voll in die Seite geknallt. Aber das tut eigentlich gar nicht mehr so weh. Ich senke den Kopf und lächle.

Eine Stunde später meldet sich Louise.

> Tut mir leid!!! War doof. SORRY, aber er hat nichts gehört. 100 pro. Hat Paula auch gesagt!!!

> Woher willst du das wissen?
> Hast du ihn gefragt? OMG!
> Das glaube ich jetzt nicht!

Nein, natürlich nicht. Aber er ist noch mal zurückgekommen!!!!

> Echt jetzt? WIESO????

Hat gefragt, wie du heißt :-)

> Was hast du gesagt?

Nix. Darf ja nix sagen.

> Haha. Sag schon!!!!!

AMRA :-)

> Und dann???

Danke :-)

> War er nett?

Ja. Ist aber nicht so mein Typ.

> Meiner auch nicht.

Ajaaaaa????????????? Dann interessiert es dich bestimmt auch nicht, dass Kolja bei der nächsten Flutlichtparty wieder dabei ist.

19.

Es ist jetzt eine Woche her, dass wir das Tagebuch bei Herrn Gassmann abgegeben haben, aber die Kowaczek meldet sich einfach nicht. Hat der Gassmann ihr den Umschlag etwa nicht gegeben? Oder hat die Kowaczek ihn einfach behalten? Weil sie nie vorhatte, ihn Coco zu geben? Oder ist Coco sogar gestorben? Ich spüre es: Irgendetwas stimmt nicht, seit Coco wieder aufgetaucht ist. Besser gesagt: angeblich wieder aufgetaucht. Wir müssen mit der Kowaczek sprechen. Und zwar sofort.

Kaum haben wir das Bürogebäude betreten, winkt uns auch schon Herr Gassmann von seinem Tresen aus zu. „Guten Tag, meine Damen, womit kann ich dieses Mal dienen?"

„Guten Tag, Herr Gassmann!", antwortet Louise betont höflich. „Wir möchten gerne zu Frau Kowaczek!"

Der Gassmann zieht die Augenbrauen hoch. Mal wieder. „Aha, und darf man fragen, was ihr von Martina wollt?"

„Wir müssen mit ihr sprechen", erwidere ich.

„Habt ihr wieder einen Briefumschlag für sie?"

„Nein, aber wir müssen sie trotzdem sprechen." Louise beugt sich vor und schaut ihm direkt in die Augen. „Es ist sehr wichtig, Herr Gassmann!"

„Ich befürchte, das wird schwierig." Er zupft an seinem Bart. „Sie ist ..."

„... etwa nicht da?", frage ich.

Gassmann nickt. „So ist es. Und sie wird auch nicht mehr kommen." Er stemmt die Handflächen auf die Tischplatte und beugt sich verschwörerisch vor. „Martina hat nämlich gekündigt."

Ich reiße entsetzt die Augen auf. „Was? Das gibt's doch nicht. Wieso das denn?"

Er zuckt mit den Schultern. „Hat einen neuen Job gefunden. Ging alles ganz fix, quasi von heut auf morgen."

„Und wo arbeitet sie jetzt?", will Louise wissen.

„In Mariendorf. In der DOGSworld. Die ist doch ganz vernarrt in alles, was vier Beine hat. Außerdem ist der Laden gleich gegenüber von ihrer Wohnung. Milan?"

„Gibt's Probleme, Capo?", erwidert eine Stimme aus dem Hinterzimmer.

Gassmann verzieht missbilligend das Gesicht. „Ich hab dir schon tausendmal gesagt, du sollst nicht immer Capo zu mir sagen! Hast du was von Martina gehört?"

Milan zuckt bedauernd mit den Schultern. „Nee, kein Sterbenswort. Du, Karl-Heinz, ich geh mal eben eine qualmen."

„Nur zu, mach das, Milan. Verpeste nur unsere Luft!", ruft Gassmann ihm hinterher. Milan hebt den Daumen und geht betont lässig in Richtung Ausgang.

„Ich bin umgeben von Rauchern und kann nichts machen. Nun ja, eine ist ja schon mal weg. Schade eigentlich!", seufzt er und schüttelt bedauernd den Kopf. „War echt'ne Nette!"

„Konnten Sie ihr denn noch den Briefumschlag geben?", frage ich eindringlich.

„Selbstverständlich! Sie hat sich auch sehr darüber gefreut." Misstrauisch schaut er mich an. „Warum fragst du?"

„Weil wir uns nicht sicher sind, ob sie ihn wirklich bekommen hat", erkläre ich.

„Was soll das denn heißen?" Er verschränkt die Arme vor seinem Bauch und mustert uns mit zusammengekniffenen Augen. „Wollt ihr mir etwa unterstellen, ich hätte ihn ihr nicht gegeben?"

Louise hebt beschwichtigend die Hand. „Nein, natürlich nicht, Herr Gassmann. Wir wundern uns nur, dass Frau Kowaczek sich nicht bei uns meldet. Können Sie sich das erklären?", fragt sie mit einem schmeichelnden Ton in der Stimme.

„Mir hat sie nur erzählt, dass sie gerade sehr viel um die Ohren hat. Der neue Job, irgendwelche Familienangelegenheiten in Brandenburg und ein Umzug, den sie organisieren muss. Sie wird sich schon noch bei euch melden." Gassmann schüttelt seine Armbanduhr unter dem Jackenärmel hervor und wirft demonstrativ einen Blick darauf. „Sonst noch was?"

Um ihn zu besänftigen, setze ich mein freundlichstes Lächeln auf. „Haben Sie vielleicht ihre Festnetznummer?"

„Nein, die habe ich nicht."

„O.k., letzte Frage: Kennen Sie eine Coco?" Gespannt starren wir ihn an.

„Coco?", wiederholt er und schaut mich an. „Wer soll

das sein? Eine Freundin von euch?"
„Nein, eine Bekannte von Frau Kowaczek", korrigiere ich und lasse ihn dabei nicht aus den Augen.
„Nein, kenne ich nicht. Tut mir leid." Er steht auf und streicht seine Hose glatt. „Ich muss jetzt den Weihnachtsbaum schmücken. Macht ja sonst keiner."

Wir verlassen das Gebäude.
„Hey! Ihr da!" Milan lehnt am Bauwagen und raucht.
„Meinen Sie uns?", frage ich.
„Seht ihr sonst noch jemanden?" Suchend schaut er sich um. An seinem Ohr blinkt ein Headset. „Auch 'ne Fluppe?"
Ich verziehe angewidert das Gesicht und schüttele den Kopf. „Nein, danke. Wir rauchen nicht."
„Brave Kids!", grinst er. „Anständig und langweilig."
Ich zwinge mich, ihn direkt anzusehen. „Was wollen Sie von uns?"
„Nur ein bisschen plaudern." Er nimmt einen tiefen Zug und stößt einen Schwall Rauch durch die Nase aus.
„Und worüber?"
„Was wollt ihr von Gassmann? Bei dem wäre ich an eurer Stelle besser vorsichtig." Mit der Schuhspitze zerdrückt er die Zigarette und schießt den Stummel unter einen Busch. Mal eben 50 Liter Grundwasser verseucht.
Louise stößt mich unsanft in die Seite und lächelt diesem Schmiertypen auch noch zu. „Wie meinst du das, Milan?"
„So wie ich es sage. Dunkle Vergangenheit, der feine Herr. Die Kohle reicht trotzdem nicht. Das habt ihr aber

nicht von mir! Verstanden? Gassmann will nicht, dass es rauskommt."

„Was?", hake ich nach.

„Geschenkt", meint Milan. „Hab sowieso schon zu viel rausgelassen. Muss wieder rein."

„Hast du Martina Kowaczek gekannt?", ruft Louise ihm hinterher.

Er dreht sich um. „Logisch!"

„Und, wie war sie so?"

„Nett und lieb. Aber nicht meine Altersklasse." Er leckt sich über die Lippen. „Ciao, girls!" Milan verschwindet breitbeinig ins Gebäude.

Boah, was für ein Typ! Kotz, brech, würg auf seine Schuhe!

20.

Ich stehe im Badezimmer und reinige mit einer Zahnbürste das Gebiss meiner Oma Hertha. Die ist nämlich für ein paar Tage zu Besuch. Hennig hat es tatsächlich geschafft. Auf die Minute genau – so behauptet er wenigstens – sei er mit quietschenden Reifen vor dem Eingang des Seniorenstifts angekommen. Oma schweigt dazu.

Zur Begrüßung gab es heute Abend ihr Lieblingsessen: Grünkohl mit Pinkel. Und der setzt sich überall gnadenlos fest. Das Gebiss besteht aus zwei Zahnprothesen, eine Zahnreihe für oben und eine kleinere für unten, da hat sie noch ein paar eigene Zähne.

Oma sitzt kerzengerade neben mir und beobachtet streng jeden meiner Handgriffe. Sie ist nervös, denn gleich beginnt ihre Lieblingsrateshow, und der Kleber ist noch nicht drauf. Ohne Zähne kann sie nicht sprechen, aber viel spricht sie sowieso nicht mehr. Seit ihrem Schlaganfall und Opas Tod lebt sie in ihrer eigenen kleinen Welt, das macht es ganz schön schwer, sich mit ihr zu unterhalten. Manchmal aber ist sie auf einmal hellwach. Dann leuchten ihre hellblauen Augen und ich erkenne meine Oma von früher wieder.

Oma freut sich, bei uns zu sein, aber sie ist total aufgeregt, ob wir das alles auf die Reihe kriegen. Mit den Essenszeiten, dem Rollstuhl und vor allem den Tabletten. Drei Mal am Tag muss sie einen Batzen davon schlucken. Im Seniorenstift kriegt sie die serviert, hier müssen wir dran denken. Übersichtlich und in der richtigen Reihenfolge habe ich die Tabletten auf der Kommode zurechtgelegt. Das gefällt ihr – und mir auch.

Geschafft! Auf die Minute genau. Ich fläze mich zu Oma aufs Sofa und lege die Füße auf den Wohnzimmertisch. Missbilligend schaut sie zu mir rüber, dann starrt sie wieder auf den Fernseher.

„Man kennt ihn als ‚Verbrecherjäger' und ‚Ganoven-Ede'. Er moderierte mehr als 290 Folgen von ...", legt die Moderatorin los.

„Aktenzeichen XY. Eduard Zimmermann", antwortet Oma wie aus der Pistole geschossen, gefolgt von ihrer typischen Armbewegung. Bei der hebt sie ihren linken Arm auf Brusthöhe und wirft die Hand nach vorn und wieder zurück. Sieht aus wie „Verschwinde!", bedeutet aber: „Mach mal!" In diesem Fall: Die Tür zu!

„Wie heißt die berühmte Schwester von Finneas O'Connell?"

Oma schaut mich fragend an.

„Billie Eilish!"

„Billie Eilig!" Oma nickt zufrieden.

„Ein wissenschaftlicher Durchbruch – und eine Niederlage zugleich. In welchem Jahr fand die erste Herztransplantation in Deutschland statt?", will die Moderatorin wissen.

Oma zögert. „Amra?" Sie macht ihre Handbewegung.

Ich google. „Am 13. Februar 1969 in München."

„1969", sagt Oma und nickt zufrieden zur Mattscheibe.

„... rausgeschnittene Nieren? Organklau? Sag mal, Amra, hast du zu heiß gebadet?", kriegt sich Louise am Telefon gar nicht mehr ein.

„Google doch selber ‚Organtransplantation'! Da landest du ganz schnell bei Spendernieren", antworte ich ungehalten. „Jeder hat nämlich zwei Nieren, obwohl auch eine reicht. Falls du das nicht wissen solltest. Bio, 6. Klasse. Hast du eine Ahnung, wie viele Menschen weltweit auf eine Spenderniere warten? Hunderttausende! Und wenn sie keine bekommen, müssen sie qualvoll sterben. Es gibt nur einen Ausweg: In ein armes Land reisen und sich da für 10.000 Euro eine neue besorgen. Also eine gebrauchte." Ich hole schnell Luft. „Es gibt genug verzweifelte Menschen, die sich auf so was einlassen. Weil sie nicht genug Geld haben, um sich und ihre Familie zu ernähren. Oder sie werden gezwungen, weil das ein fettes Geschäft für illegale Organhändler ist! Manche von diesen widerlichen Typen gaukeln Hilfsbedürftigen oder Obdachlosen vor, sie müssten wegen einer anderen Krankheit medizinisch behandelt werden, um ihnen anschließend Organe zu entnehmen. Die wachen dann auf und wissen noch nicht einmal, dass ihnen eine Niere fehlt."

Am anderen Ende japst Louise laut auf. „Aber doch nicht in Deutschland! Hier kannst du doch keine Organe kaufen. Das ist verboten!"

„Verboten ist das überall", stelle ich fest. „Interessiert die nicht!"

„Die müssen das doch merken?", wundert sich Louise.

„Eben nicht! Die zweite Niere übernimmt doch alles."

Louise will das nicht glauben. „Und was ist mit der Narbe?"

„Die ist auf dem Rücken. Hast du da Augen? Und wer glaubt einem Obdachlosen, wenn er eine so haarsträubende Geschichte erzählt? Womöglich noch in einer anderen Sprache? Man versteht nichts und denkt, der ist besoffen. Gehirnschaden. Louise, Coco ist jung, gesund und hat zwei Nieren. Sie hat keine Familie, keine Freunde und kein Geld. Kein Mensch würde sie vermissen, wenn ihr etwas passiert oder sie spurlos im Osten verschwindet, so what?"

„Ehrlich Amra, ich glaube, du steigerst dich da zu sehr rein", meint Louise besänftigend.

„Ach ja?", patze ich sie an.

„Ja. Komm mal wieder runter!"

„Ganz langsam bis zwanzig zählen und mich auf meine positiven Gedanken konzentrieren? So?" Ich könnte ausflippen!

„Zum Beispiel", brummt Louise. „Ich kann mir das einfach nicht vorstellen."

„Ach, und alles, was über deine Vorstellungskraft hinausgeht, existiert auch nicht?", frage ich schnippisch.

„Ja. Nein, natürlich nicht, aber dass ausgerechnet wir beide ..."

„Louise?", unterbreche ich sie, hole tief Luft und zähle langsam immerhin bis drei. „Ich weiß, es klingt merkwürdig, aber hör mir mal bitte kurz zu! Seit Wochen ist Coco wie vom Erdboden verschluckt und dann – Hokuspokus – taucht sie plötzlich in einem Krankenhaus auf und kämpft um ihr Leben?"

„Darum liegt sie ja auf der Intensivstation."

„Schon klar", erwidere ich. „Und welches Krankenhaus soll das sein? Keine Ahnung! Und wer behauptet, dass sie im Krankenhaus liegt?"

„Na, Frau Kowaczek."

„Genau, die liebe Frau Kowaczek, die man nur anstupsen muss, und schon sprudelt es aus ihr raus. Aber kaum hat sie das Tagebuch in die Finger gekriegt, ist sie mucksmäuschenstill", stelle ich eindringlich fest.

Langsam dämmert es Louise, worauf ich hinauswill. „Moment mal, willst du behaupten, dass Coco gar nicht im Krankenhaus ist?"

„Behaupten will ich gar nichts. Ich frage mich nur, wo die Beweise dafür sind."

„Vielleicht hat die Kowaczek einfach noch keine Zeit gehabt, sich bei uns zu melden?", überlegt Louise. „Der Gassmann hat doch erzählt, dass sie gestresst ist. Und jetzt auch noch Coco."

Ich verziehe die Mundwinkel. „Eine Nachricht zu schreiben dauert maximal zehn Sekunden. Kannst du dich noch an ihr Gesicht erinnern, als wir ihr vom Tagebuch erzählt haben? Sie war total überrascht und wollte sofort wissen, ob da etwas über sie drinsteht. Und kaum haben wir das Gebäude verlassen, hatte sie schon das Telefon in der Hand."

„Stimmt, das war echt strange."

„Louise, ich will überhaupt nicht sagen, dass etwas Schlimmes passiert ist, ich zähle einfach nur eins und eins zusammen. Coco wäre bereit gewesen, als Versuchskaninchen Medikamente zu schlucken. Warum sollte sie dann nicht auch ihre Niere verkaufen? In China hat ein Schüler seine Niere auf dem Schwarzmarkt angeboten, weil er ein neues iPhone wollte." Louise schweigt, bestimmt nicht lange, also nutze ich die Zeit. „Coco ist die perfekte Kandidatin. Und das hat Frau Kowaczek gewusst! Die sitzt mit Coco auf der Bank, spendiert ihr Zigaretten, quatscht über Hunde und schwuppdiwupp hat sie sich ihr Vertrauen erschlichen. Alles läuft wie am Schnürchen. Und dann tauchen wir auf und erzählen von dem Tagebuch. Da bekommt sie Panik, weil sie nicht weiß, was Coco über sie geschrieben hat."

„Da ist was dran", sagt Louise. „Klingt irgendwie logisch. Aber die war doch eigentlich ganz nett."

„Weißt du, wie viel so ein Samojede kostet? Für ein Zuchtexemplar mit sibirischem Stammbaum und schneeweißem Fell muss man mehrere tausend Euro hinblättern. Ziemlich viel Geld für eine Securityfrau, findest du nicht?"

Louise pfeift leise durch die Zähne. „Glaubst du, Gassmann gehört auch dazu?"

„Möglich wäre es", überlege ich. „Der treibt sich doch im Preußenpark rum und kümmert sich um schutzbedürftige Menschen. Denk an die vermisste Constancia auf dem Suchzettel oder den Durchgeknallten mit dem Telefonbuch! Warum trägt der wohl so einen weißen, sterilen Krankenhausanzug?" Louise schnappt aufgeregt nach Luft. „Und erinnerst du dich noch, was Milan gesagt hat? Wir sollen uns vor Gassmann in Acht nehmen. Der hätte

Dreck am Stecken. Ich sag's dir: Bei dem lauert hinter der gutmütigen Fassade das Böse." Ausgerechnet jetzt ruft Oma nach mir. „Du, Louise, ich ruf dich gleich wieder an."

„Und, was war?", fragt Louise.

„Oma ist nicht an die Fernbedienung rangekommen", seufze ich.

„Das alles klingt richtig abgefahren und ist so ziemlich das Verrückteste, das ich je gehört habe. Trotzdem könnte es stimmen." Louise zögert. „Aber wäre es nicht auch möglich, dass man Coco Drogen gegeben, sie verschleppt und zur Prostitution gezwungen hat? Denk mal an Nessa! Und Karim. Der hat ihr doch auch so einen Job angeboten. Und Sebastian hat auch erzählt, das so was öfter vorkommt."

„Habe ich auch schon gedacht", gebe ich zu. „Coco hat sich gewehrt, und das ist ihr zum Verhängnis geworden."

Louise keucht auf. „Wie meinst du das?"

„Die haben die Nerven verloren, und jetzt liegt die angebliche Familienangelegenheit verscharrt in einem Wald in Brandenburg. Oder wird gefangen gehalten", antworte ich stolz. Informationen sammeln, verknüpfen und auswerten, das liegt mir einfach.

„Mannomann, wo sind wir da bloß reingeraten?", stöhnt Louise. „Und jetzt?"

Ich zucke mit den Achseln. „Machen wir uns auf die Suche nach der Schreberlaube!"

„Und warum schnappen wir uns nicht Frau Kowaczek? Jetzt, da wir schon wissen, wo sie wohnt."

„Kriminalistischer Instinkt", antworte ich und füge

schnell hinzu: „In der Schreberlaube hat Coco zuletzt gewohnt, vielleicht ist sie sogar immer noch da und braucht dringend Hilfe. Ich habe inzwischen recherchiert. Es gibt tatsächlich eine Kirche, die infrage kommt, und zwar die russisch-orthodoxe, keine fünfzig Meter von der Autobahnauffahrt entfernt."

„Klingt vielversprechend!"

„Du bist also dabei?"

„Logisch!"

21.

Die Schrebergartensiedlung ist wie ausgestorben. Seit zwei Stunden irren wir hier schon rum, weit und breit ist kein Mensch zu sehen und in keinem einzigen der Häuschen brennt Licht. Langsam haben wir die Nase voll. Uns ist schweinekalt und sehen kann man auch nicht mehr viel. Enttäuscht machen wir uns auf in Richtung Ausgang. Und dann: Das gibt's doch nicht! Hinter einer Hecke entdecken wir ein weißes Holzhäuschen. Rote Fensterläden! Kaum zu sehen liegt es hinten in einem verwilderten Garten, in dem es nur so vor Gartenzwergen wimmelt. Das muss es sein!

„Komm, lass uns reingehen!", flüstere ich und schaue über meine Schulter. Rechts, links. Niemand ist zu sehen.

„Wie, jetzt noch?", fragt Louise.

„Ja, klar. Wann denn sonst!"

Louise sieht mich skeptisch an. „Und dann?"

„Gucken wir, ob Coco da ist", antworte ich.

„Glaubst du wirklich, die steckt da drin?", wispert Louise.

„Keine Ahnung."

„Und wenn nicht?"

Ich zucke mit den Schultern. „Dann lassen wir unseren Suchzettel da und gehen wieder. Was hast du denn auf einmal?"

„Ich mein ja nur ...", druckst Louise rum. „Es sieht echt nicht so aus, als würde dort jemand wohnen. Guck dir mal das Dach an. Da regnet es bestimmt durch."

„Aber wir sind doch extra deswegen hierhergekommen."

„Ja klar, aber es ist schon ziemlich düster", antwortet Louise.

Ich stemme empört die Hände in die Seiten. „Na und? Was soll denn passieren? Außerdem haben wir doch das Handy dabei. Oder haste Schiss?"

„Bisschen. Und du?"

„Bisschen", gebe ich zu. „Aber ich will es jetzt wissen."

„Ich ja auch."

„Also komm! Wir beeilen uns auch."

„Aber wir bleiben zusammen?", piepst Louise.

„Na klar." Ich versuche, mutig zu klingen.

„Und du gehst vor! Ich leuchte dir mit dem Handy den Weg", beschließt Louise.

„Mist! Abgeschlossen!" Ich zeige auf ein schweres Fahrradschloss, das zweimal um die Pforte gewickelt ist.

„Lass mich mal!" Louise schiebt sich an mir vorbei, hockt sich hin und rüttelt an dem Schloss. Auf einmal gleitet es zu Boden. „War nur zusammengesteckt. Los geht's!"

Typisch Louise! Eben noch ganz kleinlaut und jetzt schon wieder die große Klappe.

Falls es mal einen Weg zum Häuschen gab, ist er inzwischen mit kniehohem Gras, Unkraut und Sträuchern zugewuchert.

„Hast du das gehört?", aufgeregt umklammert Louise mein Handgelenk.

„Was denn?"

„Na, hör doch mal!"

„Ich hör nichts."

„Doch! Das muss von da kommen." Sie zeigt in Richtung Autobahn.

„Mensch, Louise, das ist doch nur ein jaulender Hund."

„Meinst du echt?", kichert sie verlegen. „Ich dachte schon."

„Komm weiter!", dränge ich.

Louise ist so dicht hinter mir, dass ich ihren Atem in meinem Nacken spüre. „Hier ist garantiert schon ewig keiner mehr gewesen", flüstert sie. „Und ob Coco ..."

Plötzlich bleibe ich mit meinem Fuß an irgendwas hängen, stolpere und falle der Länge nach hin. Bauchklatscher. Louise schwankt, fällt um ein Haar auf mich drauf und kreischt: „Was ist los?"

„Weiß nicht, da ..." Auf allen vieren versuche ich aufzustehen. Klappt nicht. „Leuchte mal!" Und dann entdecken wir den Übeltäter. Ein Drahtseil.

„Mensch, hab ich mich erschrocken", keucht Louise und hilft mir auf.

„Frag mich mal!", ich wische meine nassen Hände an der Hose ab. „Komm, weiter!"

Geduckt nähern wir uns dem Häuschen. Mausgraue, mit Moos und Unkraut überwucherte Steinplatten führen uns zu der Holztür mit dem weinroten Rahmen. Direkt neben dem Eingang, auf einem abgewetzten Stück Teppich, stehen weiße Gesundheitslatschen, an der Wand lehnt ein Rollator. Ich trete einen Schritt vor und klopfe leise an die Tür. Nichts regt sich. Ich klopfe ein bisschen doller, doch es tut sich immer noch nichts.

„Coco, bist du da?" Ich lege mein Ohr an die Tür.

„Und?", fragt Louise.

Ich schüttele den Kopf. „Nichts!"

„Probier mal, ob die Tür abgeschlossen ist."

Ich hole tief Luft und drücke langsam die Türklinke runter. Was, wenn jemand direkt hinter der Tür steht? Womöglich mit einer Axt in der Hand? Mein Herz pocht und meine Hand wird schwerer und schwerer – bis zum Anschlag. Erleichtert lasse ich die Klinke wieder los.

„Abgeschlossen! Und jetzt?"

„Brauchen wir den Schlüssel", kombiniert Louise. „Der muss doch hier irgendwo hängen." Zentimeter für Zentimeter tasten wir uns am Türrahmen entlang. Doch bis auf Spinnweben und einen kleinen Nagel in Höhe der Türklinke finden wir nichts.

„Du, Amra, wenn der Schlüssel hier nicht hängt, dann muss ihn doch jemand ... Hast du das gehört?"

„Was denn jetzt schon wieder?"

„Da raschelt es doch." Sie legt den Finger auf die Lippen und nickt zur Tür. „Direkt dahinter."

Ich trete leise vor. „Coco", flüstere ich und spüre, wie mein Herz anfängt zu rasen, „Coco, bist du da? Wir sind es, Amra und Louise. Wir wollen dir helfen. Mach bitte auf!" Totenstille. Fragend drehe ich mich zu Louise um.

„Lass uns mal rumgehen, vielleicht können wir hinten irgendwo reingucken", sagt Louise so leise, dass ich sie kaum verstehe. „Ich leuchte wieder."

Uns an der Wand entlangtastend folgen wir den rutschigen Steinplatten. Die Fensterläden sind mit dickem

Drahtseil festgezurrt. Bis auf einen. Der hängt aber zu hoch, um hineinschauen zu können. Nur ein kleiner Spalt ist offen.

„Wo willst du hin? Bleib hier!", höre ich Louise ängstlich rufen.

„Bin gleich wieder da." Sekunden später stelle ich auch schon den Rollator direkt vor ihren Füßen ab.

„Mach du. Ich halte das Ding fest. Hier!" Louise reicht mir das Handy.

Vorsichtig steige ich auf die wackelige Sitzbank des Rollators, halte mich an einem Balken fest und leuchte ins Innere. Die Fensterscheibe ist dreckig und zur Hälfte notdürftig mit Zeitungspapier abgeklebt. Eine dünne, zerrissene Gardine hängt schief über dem Fensterbrett, auf dem eine halb volle Kaffeetasse, ein Aschenbecher voller Kippen und jede Menge toter Käfer liegen. Plötzlich weht ein Windzug die Gardine hoch und ein beißender Gestank dringt in meine Nase, nimmt mir den Atem. Ich ringe nach Luft, greife nach dem Fensterrahmen ...

„Was habt ihr Gören hier zu suchen?", dröhnt es hinter mir.

... der Rollator kippt um, ich falle runter und Louise kreischt schon wieder.

Ein dicker, schnaufender Mann mit einer flackernden Lampe auf der Stirn baut sich vor uns auf. Schweiß läuft ihm über das krebsrote Gesicht. Dünnes Haar klebt an seinem Kopf und seine Augen sind vor Zorn zu schmalen, schwarzen Schlitzen verengt. Auf dem Arm hält er einen zappelnden Hund, dessen Maul er brutal zuhält.

„Wir ...", stottert Louise. „Wir ..."

„Könnt ihr nicht lesen? Das ist Privatbesitz. Ihr habt hier nichts verloren", raunzt er uns an.

„Äh, wir wollten ...", stammele ich.

Plötzlich springt der Köter auf den Boden und schießt kläffend auf uns zu.

„Halt die Klappe, King!" Der Typ reißt an der Leine. King knurrt furchterregend, höchstens zwanzig Zentimeter sind noch zwischen seinen gefletschten Zähnen und meiner Wade. „Habt ihr die Sprache verloren? Ich habe gefragt, was ihr Gören hier wollt?"

„Wir, äh ...", stottert Louise „Wir wollen unsere Oma besuchen."

Ich halte die Luft an.

„Eure Oma?", fragt der Mann verdutzt.

„Ja, unsere Oma, die wohnt nämlich hier." Louise versucht, cool zu klingen.

„Ach ja, wie heißt denn die gute Dame, wenn ich fragen darf?" Der Mann richtet seinen stechenden Blick samt Lichtkegel auf Louise.

„Ähhh ..."

„Ist dir wohl entfallen, wa?", poltert der Typ. „Das wird eure Eltern bestimmt interessieren, dass ihr hier rumlungert und versucht einzubrechen!"

„Tun wir doch gar nicht", erwidert Louise empört.

„Ach nee, und was soll das hier sonst geben? Schönheitssalon im Grünen? Aufm Rollator die Fingernägel lackieren und Haare toupieren? Da werde ich jetzt wohl mal die Polizei rufen. Und du King, halt's Maul!"

„Kowaczek. Martina Kowaczek!", ruft Louise. „So heißt unsere Oma!"

Der Typ starrt uns an. Wird noch röter, droht zu platzen wie eine überreife Tomate und brüllt: „Schämt ihr euch denn gar nicht? Ihr lügt doch, dass sich die Balken biegen!" In der einen Hand die Leine mit dem wütend zappelnden Köter dran, versucht er mit der anderen, sein Handy aus der Hosentasche zu fummeln.

Louise stößt mich an und augenblicklich sprinten wir los. Vorbei an dem verdutzt blickenden Fiesling und nichts wie zur Pforte. Zwei Sekunden später ist er hinter uns her. Keine Ahnung, wie der Fettwanst sich so schnell bewegen kann. King kläfft und schnappt nach uns.

„Fass, King, fass!", brüllt der Typ. Dann ein heftiger Rumms, gefolgt von einem schmerzerfüllten Schrei. Bäuchlings liegt der Fettkloß am Boden und King obendrauf. Das Drahtseil. Er flucht, King jault.

Und wir rasen durchs hohe Gras, stolpern über Zipfelmützen und Wurzeln zur Pforte, hetzen quer durch die Siedlung. Kaum draußen, taucht an der Bushaltestelle wie aus dem Nichts ein gelber BVG-Bus auf. Keine Ahnung, wo der hinfährt. Aber er kommt wie gerufen! Wir springen rein. Hauptsache weg.

22.

Ich drehe die Wasserhähne auf und kippe einen fetten Schwung Schaumbad in die Badewanne. Dieser beißende, süßlich saure Geruch hängt mir immer noch in der Nase. Meine Hände zittern, wenn ich nur daran denke, dass dieser Fettkloß und sein Kläffer uns um ein Haar erwischt hätten. Das hätte auch anders enden können! Auf dem Rücksitz eines Streifenwagens auf dem Weg zu unseren Eltern oder noch schlimmer, auf der Wache. In Handschellen!

Mein Handy.

> Liebe Amra und Louise. Sorry, dass ich mich erst jetzt melde. Hoffe, es geht euch gut? Vielen Dank für das Tagebuch in der wunderschönen Verpackung und der süßen Karte. Coco hat sich riesig gefreut. Auch, dass ihr euch so für sie eingesetzt habt. Die letzten Tage waren nicht einfach. Coco ist immer noch sehr schwach und braucht weiterhin viel Ruhe. Dafür habt ihr sicherlich Verständnis. Ich wünsche euch für die Zukunft alles Gute. Ihr seid tolle Mädchen!!! Nochmals herzlichen Dank, eure Martina

Das ist jetzt nicht wahr! Tagelang warten wir vergeblich auf ein Lebenszeichen von ihr und dann, kaum eine Stunde nachdem wir die Laube entdeckt haben, meldet sie sich? Das kann kein Zufall sein! Ich muss nachdenken. Ich tauche in der Wanne ab. Alles fügt sich zusammen wie die Teile eines Puzzles.

Eine halbe Stunde später stehe ich bei Louise vor der Tür.
„Hast du die Nachricht von der Kowaczek gelesen?", platze ich gleich beim Reingehen heraus.
„Ja, klar. Komm rein!"
„Bist du alleine?", frage ich und folge Louise in die Küche.
„Ja!" Sie zeigt auf eine Pfanne auf dem Tisch. „Spaghetti Carbonara. „Willst du auch?"
„Nee, ich kann jetzt nichts essen", erkläre ich aufgeregt und lasse mich gegenüber von Louise auf einen Stuhl fallen.
„Schmeckt aber lecker!" Louise schaufelt sich eine Portion Spaghetti auf den Teller. „Schieß los!"
„Eins ist klar: Die Kowaczek wollte partout nicht, dass wir uns auf die Suche nach Coco machen, geschweige denn sie finden", komme ich gleich zur Sache. „Zuerst erzählt sie uns, Coco wohnt bei ihrer Oma in Wilmersdorf, dann ist sie auf einmal nach Hamburg gezogen und schließlich fällt ihr ein, dass Coco wahrscheinlich in ..."
„... Kuba ist", nuschelt Louise mit vollem Mund, „ziemlich weit weg von hier!"
„Yep. Aber wozu die Verwirrung? Natürlich damit wir aufgeben, weiter nach ihr zu suchen. Allerdings gibt es ein unerwartetes Problem." Ein stolzer Unterton schleicht

sich in meine Stimme, doch bevor ich meine Vermutungen weiter ausführen kann, antwortet Louise bereits: „Das Tagebuch! Die Kowaczek kann sich nicht sicher sein, was Coco über sie geschrieben hat. Das lässt ihr keine Ruhe. Also muss sie es in ihre Hände kriegen."

„Aber wie schafft sie das?", frage ich, rhetorisch natürlich, um sogleich zu antworten: „Mit der Krankenhaus-Story. Welches Krankenhaus das ist, und warum Coco da überhaupt liegt, verrät sie natürlich nicht. Und wir fallen drauf rein und rücken das Tagebuch leichtfertig raus."

„Ich sag nur: ‚Intensivstation. Ich bete'", ruft Louise aufgebracht. „Dieses raffinierte Biest. Mein Gott, wie gutgläubig und dämlich wir waren." Wütend fuchtelt sie mit der Gabel rum.

„Ich bin noch nicht fertig", rufe ich erregt. „Alles läuft für die Kowaczek nach Plan, sie fühlt sich safe. Bis wir unerwartet in der Schreberlaube auftauchen. Sie wird nervös, weiß nicht, was wir da gesehen haben. Ich aber! Zum Beispiel einen Rollator und weiße Gesundheitsschuhe, wie sie auch vom Pflegepersonal im Krankenhaus getragen werden. Und auf dem Fensterbrett eine Zigarettenschachtel L&M."

„Stimmt, die raucht Frau Kowaczek!", ruft Louise. „So eine Schachtel hatte sie damals in der Hand."

„Yep." Ich beuge mich zu Louise vor. „Erinnerst du dich, Herr Gassmann hat doch erzählt, dass Frau Kowaczek einen Umzug organisieren muss. Jetzt ist mir klar, wohin der gehen sollte."

„Wohin denn?", fragt Louise erregt.

„Überleg doch mal! Die Schrebergartensiedlung liegt

direkt an der Autobahnauffahrt. In einer Stunde bist du von da in Polen, in einem halben Tag in Weißrussland oder wer weiß wo, auf jeden Fall so weit, dass dich keiner kennt und die Organhändler in aller Seelenruhe ihr Geschäft durchziehen können."

Louise legt die Gabel ab und schaut mich sehr ernst an. „Du glaubst also wirklich, sie haben Coco da eine Niere entnommen?"

„Ja!"

„Und hat Frau Kowaczek Coco entführt oder ist sie freiwillig mit?", überlegt Louise.

„Da bin ich mir nicht ganz sicher. Ich weiß nur, dass Sebastian gewarnt hat, dass man höllisch aufpassen muss, nicht an die falschen Typen zu geraten. Die, die erst auf hilfsbereit machen und dann zuschlagen. Wir dürfen uns von der Freundlichkeit von Frau Kowaczek nicht täuschen lassen."

Louise lehnt sich zurück und verschränkt die Arme vor der Brust. „Okay, mal angenommen, deine Theorie stimmt. Wieso ist Coco dann wieder in Berlin gelandet? Und dann noch ausgerechnet in der Laube?"

„Die Typen haben sie zurückgebracht. Oder sollen sie sie etwa da auf der Straße aussetzen? Irgendwo muss sie sich ja von der Operation erholen, vielleicht ist sogar irgendwas schiefgelaufen. Komplikationen. Und dieses eine Mal sagt die Kowaczek sogar die Wahrheit: Coco ist sehr schwach und braucht viel Ruhe. Und welcher Ort bietet sich dafür mehr an als die Laube, einsam und verlassen im Winterschlaf? Von wegen Krankenhaus!"

„Nee, Amra", energisch schüttelt Louise den Kopf. „Das

glaubst du doch selber nicht. Die Laube, in die es reinregnet, in der es arschkalt ist und wo wahrscheinlich Ratten und Ungeziefer hausen? Nein, wirklich nicht. Das ist totaler Quatsch. Da kann keiner drin leben und schon gar nicht wieder gesund werden. Höchstens drin ...", Louise schluckt, „... sterben."

„Genau das vermute ich ja!", erwidere ich aufgeregt und deute eine Kopfab-Geste an. „Kein Mensch würde das mitbekommen. Schon gar nicht im Winter. Der perfekte Ort, um eine Leiche zu entsorgen!" Louise starrt mich mit großen Augen an. „Eine Leiche?"

„Hör zu! Ich bin nicht wegen des Fettkloßes vom Rollator gefallen, sondern wegen des fortgeschrittenen Verwesungsgeruchs, der aus dem kaputten Fenster drang."

„Verwesungs- was?", keucht Louise und schiebt angewidert den halb vollen Teller zur Seite.

„Der Verwesungsprozess setzt ein, wenn ein Mensch oder ein Tier wochenlang tot rumliegen. Urin, Blut und Exkremente treten aus dem Körper aus und sickern durch Teppiche und Holzböden und es fängt an, süßlich penetrant zu stinken. Das ist der Verwesungsgeruch", erkläre ich nicht ganz ohne Stolz. „Louise, ich weiß, das klingt absurd, und ich hoffe ebenso wie du, dass es totaler Quatsch ist, aber wir müssen alles in Betracht ziehen."

„Oh Mann ... du hast doch schon wieder zu heiß gebadet!", unterbricht mich Louise. „Und jetzt erzähl mir bitte nicht, dass du noch mal zur Schreberlaube willst!"

Ich nicke. „Doch! Bist du dabei? Morgen?" Erwartungsvoll schaue ich sie an.

„Da lasse ich dich auf keinen Fall alleine hin", antwortet Louise entrüstet. „Aber was machen wir, wenn dieser ekelige Typ wieder auftaucht? Obwohl, warte!" Louise beugt sich über den Tisch und wirft mir ihr typisches breites Grinsen zu. „Ich glaube, ich habe da eine geniale Idee."

„Nicht so schnell. Vorher müssen wir Frau Kowaczek in der Gewissheit wiegen, dass wir nur zwei dumme kleine Mädchen sind, die alles glauben, was man ihnen erzählt", erwidere ich.

„Mach das!" Louise nickt gewichtig. „Und, Amra?"

„Ja?"

„Du bist bekloppt!"

„Danke. Du auch!"

> Liebe Frau Kowaczek, das sind ja fantastische Neuigkeiten!!! Mega, dass Coco sich so gefreut hat. Wir drücken ihr ganz fest die Daumen, dass sie bald wieder gesund wird. Voll nett von Ihnen, dass Sie sich so um sie kümmern. Ihnen und Coco alles Gute, Ihre Amra und Louise.

23.

„Bist du dir sicher, dass man mich nicht erkennt?" Skeptisch schaue ich an mir runter. Weiße Hose, weiße Schuhe, hüftlange Steppjacke in Apricot und Angora-Strickmütze. Ich sehe schrecklich aus.

„Die Sonnenbrille ist too much, aber sonst siehst du top aus." Louise beugt sich zu Oma runter. „Und wie gefällt Ihnen Ihre neue Pflegepraktikantin, Frau von Ahsendorf?"

Oma schaut mich von oben bis unten an, verzieht missbilligend den Mund und sagt kein Wort.

„Gnädige Frau, wir machen jetzt einen kleinen Ausflug durch die wunderschöne Schrebergartensiedlung Wilmersdorf. Sind Sie auch warm genug gekleidet?", frage ich streng.

„Ja." Oma sitzt eingepackt in Schal und Wollmantel auf einem dicken Schaffell in ihrem Rollstuhl, die Hände tief in ihrem Pelzmuff vergraben. Eine Mütze will sie nicht, sie hat Angst um ihre Frisur.

Von uns bis zur Schreberlaube sind es fast zwei Kilometer mit mindestens fünfzig Bordsteinkanten, die wir runter- und wieder hochschieben müssen. Nach zehn Minuten bin ich am Ende meiner Kräfte und Louise übernimmt. Nach zwanzig Minuten machen wir eine Pause beim Bäcker. Oma ist eingenickt. Wir holen uns zwei Grapefruitlimos und gehen noch mal unseren Plan durch:

Ich werde Oma zur Laube schieben, sie bei der Pforte abstellen, aufs Grundstück schleichen, checken, ob sich Coco in der Hütte aufhält, und, falls nötig, sofort Hilfe holen. Louise wird in sicherer Entfernung Schmiere stehen und mich im Notfall anrufen. Mein Handy steckt griffbereit in der Jackentasche. Falls jemand auftaucht, behaupte ich, der Hund meiner Patientin ist weggelaufen und hält sich vermutlich auf dem Grundstück auf. Eine Hundeleine baumelt am Rollstuhlgriff. Der Plan ist genial!

Es gibt nur einen einzigen Haken: Oma. Seit ihrem Schlaganfall kann sie nicht mehr lügen, egal wie klitzeklein die Lüge auch sein mag. Doch zum Glück schläft sie immer noch tief und fest. Schweigend schieben wir sie die letzten Meter zum Eingang der Schrebergartensiedlung. Louise und ich trennen uns. Ich biege mit Oma in die Siedlung ein und Louise folgt der Straße. Wenn die Wege so laufen, wie auf dem Plan eingezeichnet, werden wir uns gleich wiedersehen. Ich muss höllisch aufpassen, denn der Pflasterweg zur Gartenlaube erweist sich als 1a-Huckel-und-Glitschpiste. Oma darf unter keinen Umständen aufwachen oder gar aus dem Rollstuhl fallen.

Zwischendurch mache ich immer wieder kleine Pausen und schaue mich um. Das mit den Wegen scheint schon mal zu stimmen. Vorne, am gegenüberliegenden Ende, hat sich Louise bereits am Ausgang positioniert und tut so, als läse sie die Infos im Schaukasten. Mit jedem Meter, den ich näher an die Laube komme, schlägt mein Herz schneller. Ich sehe bereits die hohe Hecke, die das Grundstück umgibt. Warum verliert Efeu im Winter eigentlich nicht die Blätter? Egal. Noch zehn Meter.

Ich stoppe den Rollstuhl, Oma schläft immer noch friedlich. Ihr Kopf ist nach vorne gebeugt. Unauffällig gebe ich Louise ein Handzeichen, schaue mich nochmals zu allen Seiten um und gehe zur Pforte. Die steht im Gegensatz zu gestern weit offen. Das Schloss ist verschwunden. Zögernd betrete ich das Grundstück. Und dann traue ich meinen Augen nicht. Das Fenster auf der Vorderseite ist mit dicken Holzbrettern vernagelt, die Läden liegen im Gras. Ich höre leise Stimmen, Wortfetzen, die vom Eingang der Laube herzukommen scheinen. Dem Klang nach zu urteilen osteuropäisch. Doch um sicher zu sein, muss ich näher ran. Vorsichtig schleiche ich zur Hollywood-Schaukel und genau in dem Moment, als ich mich hinter sie hocken will, kommt ein schwarz gekleideter Mann mit Cappy um die Laubenecke. Überrascht bleibt er stehen. „Co ty tutaj robisz?"

Ich schüttele den Kopf. „Sorry. Ich verstehe kein Wort."

„Mietek! Przyjdź!"

Mir stockt der Atem. Ein zweiter Mann, deutlich älter als der erste, kommt langsam, fast schleppend, um die Ecke. Sein Gesicht ist rot, rund und fleischig. Er hält den Blick fest auf mich gerichtet und kommt direkt auf mich zu. Unwillkürlich weiche ich zurück. Eine Sekunde lang habe ich tatsächlich geglaubt, es ist der Typ von gestern.

„Was du machen hier? Verboten!", ruft er.

„Ich ... äh ... Guten Tag. Äh ... Do bri Tschien!", stottere ich und bete, dass er Pole ist und die paar polnischen Wörter, die Jadwiga mir beigebracht hat, auch stimmen. „Wie geht's? Äh ... Jak się masz?"

„Dzień dobry. Guten Tag." Er lächelt mich breit an.

„Mówisz po polsku?"
Ich schüttele bedauernd den Kopf. „Ich spreche kein Polnisch. Was machen Sie hier?", frage ich und zeige auf die Hütte.
„Wir zumachen. Alles. Auftrag von Chefin. Du Tochter von Chefin?", antwortet der Fleischige.
„Ja, ich, äh ... und wo ist das Mädchen, das da wohnt?"
Mein Handy klingelt. „Lauf weg! Sofort! King kommt von links!!!!", wispert Louise.
„Sorry, ich muss los!", rufe ich panisch und drehe mich hastig um.
Hinter mir höre ich die Männer lachen. Nicht umgucken! Nicht zur Seite gucken! Ganz ruhig bleiben, beschwöre ich mich selbst. Was hat Louise gesagt? Von links kommt die Töle, also rechts abbiegen. Nicht stolpern, auf den Weg achten, zu Louise laufen. Bloß weg. Aber wo steckt sie? Warum steht sie nicht am Ausgang? Keuchend schaue ich mich um. Die kann doch jetzt nicht weggelaufen sein?! Rechts von mir knacken Äste, es raschelt, etwas bewegt sich. Zweige werden zur Seite geschoben und eine safrangelbe Mütze kommt zum Vorschein.
„Hierher, Amra, schnell!" Louise!
„Was machst du hier? Wo ist King?", japse ich und hocke mich zu ihr.
Louise schüttelt den Kopf. „Plötzlich stand er da, schnüffelte und pinkelte überall hin. Sogar an den ...", sie starrt mich mit offenem Mund an. „Wo ist eigentlich deine Oma?"
„Ach, du Scheiße! Die sitzt da noch", keuche ich.
Louise wirft mir einen halb ungläubigen, halb vor-

wurfsvollen Blick zu. „Nicht dein Ernst?!"

„Mensch, ich habe voll die Panik gekriegt, als du mich angerufen hast", verteidige ich mich. „Was machen wir denn jetzt?"

„Na, was wohl? Deine Oma holen. Ist dir jemand gefolgt?"

„Keine Ahnung. Es ging alles so schnell."

Vorsichtig schleichen wir zurück in Richtung Pforte. Wer weiß, ob King und dieser grässliche Typ dort nicht schon auf uns warten? Halb verdeckt vom Schaukasten spähen wir in den Weg hinein. Omas Rollstuhl hängt zur Hälfte in der Hecke. Ihr Muff liegt am Boden. Der Typ mit dem Cappy ruckelt mit der einen Hand am Rollstuhl und mit der anderen hält er Omas Arm fest. Der Fleischige beugt sich zu ihr runter.

„Hallo, geht's noch? Lasst sofort die Hände von meiner Oma!", brülle ich, will lossprinten, knalle dabei mit dem Kopf gegen den Schaukasten, berappele mich wieder und laufe wankend weiter. Louise hinter mir her. „Oma, ich komme!"

Drei Augenpaare starren mich an. Oma schüttelt wütend den Kopf.

„Du Oma alleine gelassen!", schimpft der Fleischige. „Sie Angst hat."

Der Cappytyp schiebt den Rollstuhl wieder auf den Weg und zieht die Bremse an. „Bez serca!", funkelt er mich an. Das war bestimmt nichts Nettes.

„Wo warst du?", zischt Oma, während sie mit der linken Hand ihre Frisur prüft.

„Oma, es tut mir leid", sage ich und lege meine Hand

auf ihren Arm. Sie zieht ihn weg. „Ich musste, also der Hund war weggelaufen, ich musste hinterher."

„Du hast keinen Hund", schaut sie mich böse an.

„Nein, nicht meiner, also, er war hier und …"

„Hund?", fragt der Cappytyp.

„Ja", sagt Louise. „Sehr gefährlich. Er war hier und hat rumgeschnüffelt. Haben Sie ihn nicht gesehen?"

Die Männer schütteln den Kopf. „Hund?"

„Ja. So groß. Braungraues Fell und buschiger, sehr buschiger Schwanz", erklärt Louise wild mit den Händen.

„Ah, Fux. Ich verstehe. Angst vor Fux!" Der Fleischige lacht. Der Cappytyp auch.

Oma schüttelt missbilligend den Kopf und ich starre Louise an. „Fuchs?"

Die weicht meinem Blick aus.

Der Fleischige zeigt erst auf Oma, dann auf die Laube. „Oma haben hier gewohnt? Mutter von Chefin?"

„Nein, nicht diese Oma. Andere Oma", antworte ich. „Haben Sie Coco gesehen, das Mädchen, das hier gewohnt hat?"

„Hier", er zeigt auf die Laube, „nur tote Tiere, wegen Gift. Kein Mensch. Dach kaputt."

„Wie heißt denn Ihre Chefin?", fragt Louise.

„Hartmann."

„Nicht Kowaczek, Martina Kowaczek?", hake ich nach.

„Nein, Hartmann. Gute Frau!" Er beugt sich zu Oma runter, nimmt ihre linke Hand und verabschiedet sich. „Wir jetzt mussen weiterarbeiten."

Oma nickt und macht ihre Armbewegung. Sie will weg. Nach Hause. Und zwar sofort.

24.

Die mitleidvollen Blicke und dämlichen Sprüche nerven total! Nein, weder habe ich mich geprügelt, noch ist das meine Faschingsmaske und gegen eine Schranktür gelaufen bin ich auch nicht. Nur beim Spazierengehen gestolpert und unglücklich in den Rollstuhl meiner Oma gekracht. Meinem Vater fehlt jede Vorstellungskraft, wie so was passieren kann, und Oma schweigt. Ich sehe schrecklich aus. In einem Radius von fünf Zentimetern um mein rechtes Auge spiegelt sich das gesamte Spektrum meiner 1297 Farbstifte wider. Diese Aktion ist wortwörtlich ins Auge gegangen. Und jetzt? Ist Frau Kowaczek endgültig dran! Wir werden ihr einen Besuch abstatten. Das könnte allerdings nicht ganz ungefährlich werden, denn wenn auch nur die Hälfte von dem stimmt, was ich denke, ist sie mit allen Wassern gewaschen. Und hat Komplizen. Und die warten vermutlich mit einem Skalpell hinter ihrer Tür und freuen sich über zwei frische Nieren. Davon erzähle ich Louise aber lieber nichts.

Es ist bereits dunkel, als wir vor dem großen Parkplatz der DOGSworld aus dem Bus steigen. Wohnen soll Frau Kowaczek ja angeblich direkt gegenüber. Sechs Hochhäuser mit jeweils zehn Stockwerken und vier Aufgängen – A bis D – kommen infrage. Reihe für Reihe gehen wir die Klingelschilder durch. Im zweiten Haus, Aufgang A haben wir Glück. Kowaczek + Haun, 6. Etage. Louise klingelt. Nichts rührt sich. Sie klingelt noch einmal. Und noch einmal. Die Sprechanlage knistert, eine Frauenstimme meldet sich: „Hallo?"

„Hallo, Frau Kowaczek?", antwortet Louise mit tiefer Stimme.

„Nein. Wer ist denn da?" Wir hören Hundegebell.

„Guten Abend, Deutsche Post. Einschreiben für Frau Kowaczek, sie muss den Empfang persönlich quittieren." Louise lügt echt, ohne rot zu werden.

Ich halte mir den Mund zu. Ein Glück gibt es hier keine Kameras.

„Oh, das ist schlecht, Frau Kowaczek ist noch bei der Arbeit. Sie kommt aber bestimmt in der nächsten halben Stunde nach Hause. Ruhig, Chucky! Vielleicht könnten Sie dann noch mal vorbeischauen?"

„O.k., Frau Haun. Ich werde sehen, was ich einrichten kann."

Wir klatschen uns ab. Jetzt heißt es nur noch warten. Suchend schauen wir uns um. Links vom Haus gibt es einen kleinen Spielplatz mit einer Sandkiste, einer Schaukel und einem Miniholzhäuschen drauf. Von dort haben wir sowohl den Hauseingang als auch den Parkplatz und die Bushaltestelle im Blick. Perfekt! Wir quetschen uns in das Häuschen und beobachten die Lage. Die letzten Kunden fahren vom Parkplatz, Einkaufswagen werden zusammengeschoben, Rollgitter heruntergelassen und das Licht wird gedämmt. Es ist kurz nach sieben. Wenn es stimmt, dass Frau Kowaczek drüben arbeitet, hat Sie jetzt Feierabend und muss jeden Augenblick bei uns vorbeikommen. Der Weg von der Straße zum Haus ist beleuchtet, wir sitzen safe im Dunkeln.

Ein Bus hält an der Bushaltestelle, die Türen öffnen sich. Ein großer, dunkel gekleideter Mann steigt aus und marschiert in Richtung der Hochhäuser. Unter einer Laterne bleibt er stehen, schaut auf seine Armbanduhr und blickt in Richtung DOGSworld. Er zieht sein Handy aus der Tasche und schaut aufs Display. Dann starrt er genau zu uns rüber. Seine Miene verfinstert sich. Mir gefriert das Blut in den Adern. Ich spüre Louises Ellbogen in meiner Seite. Er ist es. Ich habs gewußt, die ganze Zeit schon. Mein Instinkt hat mich nicht getäuscht.

„Er hat uns entdeckt", raunt Louise. „Jemand muss ihn über Handy gewarnt haben."

Unwillkürlich verkriechen wir uns tiefer in das Häuschen und fixieren ihn mit weit aufgerissenen Augen an. Er schüttelt missbilligend den Kopf, geht einige Schritte auf uns zu, bückt sich, hebt einen To-go-Becher auf und versenkt ihn in einer nahe gelegenen Mülltonne. Erleichtert atmen wir auf: Herr Gassmann hat uns doch nicht gesehen. Er zieht ein kleines Fläschchen aus seiner Brusttasche, desinfiziert sich die Hände, steckt es wieder zurück, zuppelt an seinem Hemdkragen und beobachtet den Eingang der DOGSworld.

Die Minuten verrinnen. Endlich tut sich was. Eine Frau in Turnschuhen und pinker Steppjacke kommt den Weg herunter und lächelt Herrn Gassmann zu. Die beiden umarmen sich. Ohne Uniform hätten wir Frau Kowaczek um ein Haar nicht wiedererkannt.

„Du hattest recht. Die beiden stecken tatsächlich unter einer Decke!", meint Louise. „Von wegen ‚So dicke sind wir nicht.' Der hat uns von hinten bis vorne verarscht."

„Sag ich ja. Komm jetzt! Die dürfen uns auf keinen Fall entwischen", dränge ich. Eilig zwängen wir uns aus der Hütte und rennen geradewegs auf die beiden zu. „Frau Kowaczek, hallo, Frau Kowaczek! Warten Sie mal!"

„Amra?", ruft sie überrascht. „Louise? Was macht ihr denn hier?"

„Wir müssen mit Ihnen reden. Und zwar dringend."

Sie schaut uns irritiert an. „Aber warum denn, was ist los? Um Gottes willen!" Sie zeigt auf mein Auge. „Was ist denn mit dir passiert?"

„Das habe ich mir in der Schrebergartensiedlung geholt. Die an der Autobahn. Direkt am Eingang, am Infokasten", versuche ich, betont ruhig zu antworten. „Aber wem erzähle ich das? Sie kennen sich da ja bestens aus."

Die Kowaczek starrt mich verständnislos an. „Was redest du denn da? Was für eine Schrebergartensiedlung?"

„Jetzt tun Sie doch nicht so!", ruft Louise. „Sie wissen doch ganz genau, wovon ..."

„Guten Abend, meine Damen, wenn ich mich vielleicht einbringen darf", funkt Herr Gassmann dazwischen und schaut uns streng an. „Wie auch ihr wissen solltet, macht der Ton die Musik und respektvoll ist, wenn der Gegenüber weiß, worum es im Gespräch geht."

„Geschicktes taktisches Manöver, Herr Gassmann", zische ich. „Aber nicht mit uns! Rücken Sie raus damit: Wohin haben Sie Coco verschleppt?"

„Und wenn Sie uns jetzt nicht sofort die ganze Wahrheit sagen", warnt Louise, „rufen wir die Polizei!"

„Und zwar das LKA", sage ich mühsam beherrscht. „Frau Schultze von der Vermisstenstelle ist eine sehr gute Bekannte von mir."

Herr Gassmann lacht.

„Das Lachen wird Ihnen noch vergehen, Herr Gassmann." Es ärgert mich, dass ich zu ihm hochschauen muss. „Wir wissen längst, dass Sie da mit drinstecken. Schon Ihr Kollege hat uns gewarnt: ‚Nehmt euch vor dem Gassmann in Acht.' Was er wohl damit gemeint hat?"

„Ihr meint doch nicht etwa Milan? Hat er wieder den großen Gockel markiert? Aufgeplustert mit Headset, Kippe und Sprüchen?" Herr Gassmann lacht schon wieder.

„Ihr arrogantes Lachen können Sie sich sparen. Erst erzählen Sie uns, Sie würden Frau Kowaczek gar nicht so gut kennen, und dann begrüßen Sie sich hier wie zwei alte Freunde? Wollen Sie uns für blöd verkaufen?", frage ich entrüstet und fühle mich gut.

„Jetzt noch mal zum Mitschreiben", wird Herr Gassmann ernst. „Ihr seid auf der Suche nach Coco und ihr glaubt was? Dass Martina sie verschleppt hat? Sehe ich das richtig?"

„Allerdings, das sehen Sie genau richtig." Ich baue mich

vor ihm auf. „Und es spricht einiges dafür, dass Sie auch Ihre Hände im Spiel haben."

„Ich?", er zeigt mit den Händen auf sich. „Ihr glaubt, ich hätte ... Das meint ihr jetzt aber nicht im Ernst?", tut Herr Gassmann entrüstet. „Ich soll ..."

„Ich habe euch doch geschrieben, dass Coco im Krankenhaus ist", unterbricht ihn die Kowaczek.

„Kann es sein, dass Sie gar nicht hören wollen, was wir zu sagen haben? Weil wir mehr wissen, als Ihnen lieb sein kann?", frage ich selbstbewusst und spüre, dass ich das Zeug zu einer guten Kommissarin habe. „Wobei das mit dem Hören ja so eine Sache ist. Seit wir das Tagebuch abgegeben haben, herrscht nämlich absolute Funkstille bei Ihnen, Frau Kowaczek. Warum eigentlich? Und warum haben Sie so viel Wert daraufgelegt, das Tagebuch persönlich in die Hände zu bekommen? Hatten Sie Angst, dass Coco etwas über Sie geschrieben hat, was Sie in Bedrängnis bringen könnte?"

„Nein, natürlich nicht!" Empört schnappt Frau Kowaczek nach Luft. „Ich ... ich habe einfach nicht mehr gewusst, wo mir der Kopf steht. Ich musste so viele Dinge gleichzeitig erledigen und dann tritt auch noch Coco auf einmal in mein Leben ..."

„Und dann, ganz zufällig, nur eine Stunde nachdem wir in der Schreberlaube waren, melden Sie sich doch bei uns?" Jetzt bin ich so richtig in Fahrt: Analytische und logische Vorgehensweise gepaart mit hoher geistiger Flexibilität und schneller Auffassungsgabe. Sherlock Holmes quasi.

Frau Kowaczek gibt sich alle Mühe, so zu tun, als hätte

sie keine Ahnung, wovon wir reden. „Was für eine Schreberlaube denn um Himmels willen?"

„Junge Dame", Herr Gassmann zieht seine Augenbrauen hoch, „ich befürchte, du schießt gerade ein bisschen über das Ziel hinaus, du solltest ..."

„Die, in der Coco gewohnt hat ...", unterbreche ich ihn und spüre Louises Hand auf meinem Arm, „oder gefangen gehalten wurde. Oder haben Sie sie schon längst irgendwo in Brandenburg verscharrt?"

„Nein, was redest du denn da? Coco ist doch bei mir", antwortet Frau Kowaczek verdattert. „Oben in meiner Wohnung."

„Was Sie nicht sagen! Dem ist leider nicht so, das haben wir gerade überprüft. Da oben ist nämlich nur Frau Haun", sage ich aufgeregt und lasse sie nicht aus den Augen, während sie in ihrer Handtasche wühlt.

„Was haben Sie denn jetzt vor?"

„Ich rufe Coco an." Mit dem Handy in der Hand steht sie vor uns und schaut nach oben. „Hallo, Coco, hier ist Martina. Alles gut bei dir? Kannst du mir einen großen Gefallen tun und kurz auf den Balkon rauskommen und runterwinken? Ich erkläre es dir später. Herr Gassmann ist auch schon da, wir kommen gleich hoch." Sie steckt das Handy zurück in die Jackentasche. „Ich wohne im sechsten Stock. Da, wo das Licht brennt. Haun ist der Name meines Ex-Freundes. Wolfram Haun. Er ist letzte Woche ausgezogen und zurück nach Cottbus. Ich habe ihm beim Umzug geholfen."

Gebannt starren wir nach oben. Die Balkontür öffnet sich und eine Person erscheint. Sie beugt sich über die

Balustrade und winkt herunter. Wir hören den Hund bellen. Frau Kowaczek winkt zurück.

„Ist das Coco?", schaut mich Louise fragend an.

Ich zucke unschlüssig mit den Schultern.

„Ja, natürlich ist das Coco", sagt Frau Kowaczek mit Nachdruck. „Ich habe sie bei mir aufgenommen, nachdem sie vorgestern aus dem Krankenhaus entlassen wurde."

Unauffällig stoße ich Louise in die Seite. „Aha, und würden Sie uns auch verraten, warum sie im Krankenhaus war? Was hatte sie denn?"

„Eine schwere Alkoholvergiftung."

„Ach, und was ist mit den Nieren?"

„Nieren?" Frau Kowaczek schaut mich erstaunt an.

„Ja, hier ungefähr." Ich zeige neben meinen Bauch. „Hat sie da keine Narbe?"

Frau Kowaczek runzelt die Stirn. „Nein, warum sollte sie eine Narbe haben? Sie hat einfach viel zu viel getrunken."

„Das kann nicht sein. Coco trinkt gar keinen Alkohol", erwidere ich.

„Stimmt. Und genau deshalb war es ja auch so fatal", erklärt die Kowaczek. „Sie hat viel zu schnell und viel zu viel getrunken. Die Ärzte in der Notaufnahme haben gesagt, wenn der Notruf auch nur wenige Minuten später eingegangen wäre, hätte sie vermutlich nicht überlebt."

„Und warum hat sie sich betrunken?", fragt Louise forsch.

„Dazu möchte ich nichts sagen. Das ist Cocos Privatangelegenheit", weicht Frau Kowaczek aus.

„Wurde sie bedroht? Oder hat man sie gezwungen?",

frage ich trotzdem.

„Nein. Es war ihre Entscheidung."

Ich fixiere sie mit meinem Blick. „Und wie kommt es, dass Sie so genau Bescheid wissen, was mit Coco los ist?"

Frau Kowaczek schnappt nach Luft. „Weil das Krankenhaus bei mir angerufen hat. Eine Krankenschwester ..."

„Welches Krankenhaus war das denn?", unterbreche ich sie.

„Würdest du bitte Frau Kowaczek ausreden lassen", mischt sich Herr Gassmann schon wieder ein.

„Schon gut, Karl-Heinz", beschwichtigt ihn die Kowaczek. „Die Intensivstation der Charité. Eine junge Frau war komatös und komplett unterkühlt bei ihnen eingeliefert worden. Sie hatte nichts bei sich, keine Tasche, keinen Rucksack, keine Papiere. Eine Krankenschwester hat dann einen Zettel mit meiner Telefonnummer in ihrer Hosentasche gefunden und sich bei mir gemeldet. Ich war total baff und hatte keine Ahnung, wer diese Unbekannte sein soll, bis ich von dem Schrift-Tattoo am Arm erfahren habe."

„Jasmin?", fragt Louise leise.

„Ja, so heißt ihre kleine Schwester. Da wusste ich Bescheid. Ich bin sofort ins Krankenhaus. Auf dem Schild an ihrem Bett stand nur Name: XYZ, geboren am 01.01.2000. Das war", Frau Kowaczek stockt, „so, als würde da eine ausgedachte Person liegen. Petra Mustermann. Schrecklich! Ich habe es sofort ändern lassen. Aber mehr als ihren Vornamen und dass sie in Hamburg wohnt, wusste ich ja auch nicht. Und das stimmte noch nicht einmal. Aber das habe ich erst später erfahren. Wir haben alle um ihr Leben gebangt. Sie ist doch erst siebzehn Jahre alt. Ich hätte unmöglich einfach wieder weggehen können. So, als sei nichts gewesen. Coco hat doch niemanden." Frau Kowaczek wischt sich eine Träne von der Wange, dann legt sie eine Hand auf Herrn Gassmanns Arm. „Und Herr Gassmann ist so nett und hat sich bereit erklärt, uns zu unterstützen. Der beste Polizist, den ich kenne."

Ich stehe fest und glaube doch zu schwanken. Hin und her. Ganz langsam. „Sie?", höre ich mich fragen. „Sie wollen Polizist sein?"

„Polizeimeister im Ruhestand, um exakt zu sein." Er zieht eine Visitenkarte aus seiner Brusttasche. „Hier habe ich fünfundvierzig Jahre gearbeitet. Du kannst gerne dort anrufen und dich nach mir erkundigen. Du weißt ja: Vertrauen ist gut, Kontrolle ist besser!"

„Polizeidirektion 2 – Abschnitt 265" steht auf seiner Visitenkarte.

„Karl-Heinz", sagt Frau Kowaczek und wirkt auf einmal sehr erschöpft. „Ich würde jetzt gerne hochgehen. Coco wartet, wir haben noch eine Menge Papierkram zu erledigen."

Gassmann nickt. „Natürlich, Martina. Ich komme gleich nach. Vorher möchte ich mit den jungen Damen aber noch etwas klären."

Frau Kowaczek reicht uns die Hand. „Danke, dass ihr nicht aufgehört habt, nach Coco zu suchen. Wir werden uns bald bei euch melden. Versprochen!"

Herr Gassmann räuspert sich. „Martina hat mir von euch

erzählt und ich muss sagen, Hut ab, dass ihr euch so ins Zeug gelegt habt, um einem fremden Mädchen sein Tagebuch zurückzugeben. Wirklich beeindruckend. Es macht ganz den Eindruck, als ob ihr auf der Suche nach Coco so einiges erlebt habt?"

„Das kann man wohl sagen", antwortet Louise und fängt auch schon an zu erzählen: Wo wir überall waren, mit wem wir gesprochen haben, dass wir einen Artikel über Ausreißer schreiben wollen ...

Ich stehe da, höre, was Gassmann sagt, beobachte, wie seine Lippen sich beim Sprechen bewegen, aber seine Worte erreichen mich nicht, prallen einfach ab. Ich bin ganz woanders. Ich kann das nicht, einfach so den Hebel umlegen. Vor fünf Minuten waren Herr Gassmann und Frau Kowaczek noch die Bösen und jetzt gehören sie auf einmal zu den Guten? All das, was eben noch perfekt zusammenpasste, und der Grund ist, warum wir überhaupt hier stehen, entpuppt sich als Hirngespinst? Coco wurde weder zum Organspenden gezwungen, noch wurde sie im Wald verscharrt? Stattdessen liegt sie gemütlich bei Frau Kowaczek auf dem Sofa? Kann ich mich wirklich so getäuscht haben? Ich war mir doch so sicher ...

„Ich muss gestehen, so ganz abwegig waren eure Vermutungen nicht", höre ich Herrn Gassmann wie von weit weg sagen. „Das Leben auf der Straße ist gefährlich. Besonders für Frauen."

„Und was ist mit Organhandel?", frage ich. Auf einmal fühle ich mich ganz klein.

„Ich persönlich habe noch nichts von illegalem Organhandel in Deutschland gehört", erwidert Herr Gassmann.

„Was aber nicht heißen muss, dass es so was hier nicht gibt. Aber weder Coco noch Frau Kowaczek haben irgendetwas damit zu tun. Das kann ich euch versichern." Er schaut zur Wohnung hoch. „Ich bin mir nicht sicher, ob Coco sich wirklich darüber im Klaren ist, wie viel Glück im Unglück sie hatte. Aber es ist offensichtlich, dass dieser Krankenhausaufenthalt einiges bei ihr ausgelöst hat. Sie ist entschlossen, wieder auf die Beine zu kommen und ein paar Dinge in ihrem Leben zu ändern. Martina und ich möchten ihr dabei helfen. So wie ihr Coco auch geholfen habt, denn ohne eure unermüdliche Suche hätte sie ihr Tagebuch nie wiederbekommen. Das habt ihr wirklich toll gemacht." Er klemmt sich seine Aktentasche unter den Arm. „Und wenn euer Artikel fertig ist, will ich den unbedingt lesen!"

„Logo, Herr Gassmann, den werden wir Ihnen sogar höchstpersönlich vorbeibringen", zwinkert Louise ihm zu.

Herr Gassmann verschwindet im Hausflur und wir machen uns auf den Weg nach Hause. Ich bin total durch den Wind. Das mit der Kommissarin war wohl nichts. Alles, von dem ich mir so sicher war und was ich mir so sorgfältig zurechtgelegt hatte, ist in wenigen Augenblicken in sich zusammengefallen, wie ein Kartenhaus. Genau genommen hat gar nichts gestimmt. Ich kann mich nicht mal freuen, dass die Sache wenigstens gut ausgegangen ist. Coco ist wieder da und in Sicherheit, ihr geht es ganz gut und das mit der Organtransplantation war einfach Quatsch. Ich weiß, ich sollte mich für Coco freuen. Aber ich kann nicht. Ich kann nichts Vernünftiges mehr denken, geschweige denn fühlen. Ich will nur noch nach Hause.

25.

Samstagabend. Oma und ich sitzen in der Kirche. Das erste Weihnachtskonzert in diesem Jahr und Omas letzter Abend in Berlin. Morgen bringt Hennig sie wieder nach Hause. Mit halb geschlossenen Lidern lauscht sie der Musik.

Ich denke an Kolja. Noch zweiundsiebzig Stunden bis zur nächsten Flutlichtparty. Seit unserem Zusammenprall habe ich ihn nicht mehr gesehen, aber dafür ziemlich viel an ihn gedacht. An Coco auch. Stimmt überhaupt nicht, dass die Geschichte gut für sie ausgegangen ist. Man hat ihr zwar keine Niere rausgeschnitten, aber in Gefahr war sie trotzdem. Im Krankenhaus ist sie dem Tod nur ganz knapp von der Schippe gesprungen. Eigentlich genauso schlimm. Und wie soll es mit ihr weitergehen, wenn sie wieder gesund ist? Sebastian hat gesagt, die meisten, die es wollen, schaffen es auch, wieder Boden unter den Füßen zu finden. Manche brauchen nur ein wenig länger als andere. Coco wird es schaffen. Ganz bestimmt. Oma würde eine Kerze für sie anzünden, das mache ich auch. Nach dem Konzert.

Überall ist es weiß. Schneeweiß! Weiche, daumengroße Schneeflocken segeln durch die kalte Luft, die Räder des Rollstuhls knirschen leise im Schnee. Alles wirkt gedämpft und ruhig. Genau wie Oma. Sie ist schon wieder weit weg. Keine Ahnung, wo. Vor uns gehen die beiden, die sich eben in der Kirche mit dem Pfarrer gestritten haben. Beide in dunklem Mantel und Hut, sie hat sich bei ihm untergehakt. Der Mann fuchtelt mit seiner Hand und schimpft wie ein Rohrspatz, während die Frau beruhigend auf ihn einredet. Ich ahne schon, um wen es sich handelt, und schiebe ein bisschen schneller – bis ich alles hören kann.

„Das war das letzte Mal, dass ich diese Kirche betreten habe. Dieser eingebildete Pfaffe sieht mich hier nie wieder."

„Ingbert", unterbricht ihn die Frau leise. „Du darfst dich nicht so aufregen, das hat dir doch Dr. Brinkmann ... Dein Herz macht das nicht mehr mit, Ingbert!"

„Der findet es wahrscheinlich modern, wenn diese Rotzlöffel mitten durch das Krippenspiel krabbeln ..."

Weiter kommt Polzin nicht, sein Hacken verfängt sich in den Rädern des Rollstuhls, er taumelt und landet direkt auf Omas Schoß. Die ist auf einmal hellwach und faucht ihn an: „Was erlauben Sie sich, Sie Wüstling?"

Die ganze Situation ist so abgedreht, dass ich kichern muss. Hätte ich besser nicht getan, denn nun flippt Herr Polzin komplett aus. Oma auch. Sie drischt mit ihrer Handtasche auf ihn ein, als wie aus dem Nichts eine Frau auftaucht, die Herrn Polzin anfährt: „Mach mal halblang, Opa! Schlage vor, du hältst die Klappe und machst ganz schnell den Abgang. Könnte andernfalls ungemütlich werden. Wäre doch schade – zum 1. Advent."

Herr Polzin weiß nicht, wie ihm geschieht. Fassungslos

starrt er die Frau an, man sieht förmlich, wie er um Worte ringt. Aber dann entscheidet er, dass es wohl tatsächlich besser ist, die Klappe zu halten. Schon wegen seines Herzens. Er rappelt sich auf, schnappt sich seine Marianne und verschwindet.

Und ich? Falle fast hintenrüber. Sie ist viel größer, als ich sie in Erinnerung habe, und sieht auch ...

„Hi, Amra." Sie stockt. „Klingelt's?"

Ich nicke. Mein Kopf ist wie leer gefegt. Ich bekomme keinen Ton heraus. Die Frau kommt einen Schritt auf mich zu und zieht ihre Mütze vom Kopf. Ich nicke. Klar klingelt es. Nur ist sie blond statt rot. Und kurzhaarig.

„Ich bin es, Coco."

„Ich weiß." Mehr fällt mir nicht ein. Und ausgerechnet jetzt muss Oma an meiner Jacke zippeln. „Meine Tabletten!"

„Ja, Oma. Gleich!", beruhige ich sie. „Wir sind doch schon so gut wie zu Hause."

„Meine Tabletten. Jetzt sofort!", zetert Oma weiter.

„Mist! Ich muss rauf. Ich hab es ihr versprochen", entschuldige ich mich bei Coco und schimpfe innerlich mit Oma. Warum muss sie ausgerechnet jetzt hellwach sein?

Coco beugt sich zu Oma runter und nimmt ihre Hand. „Sie bekommen gleich Ihre Tabletten, ganz sicher! Sie haben eine tolle Enkeltochter!"

„Ja", sagt Oma leise. „Die beste."

Coco schaut mich an. „Dann mach ich mich mal auf."

„Ja", sage ich. „Klar."

„Okay, na dann", sie hebt die Hand zu einem Gruß. „Noch was!"

„Ja?"

„Ich habe euch einen Brief geschrieben."
„Echt?", antworte ich.
„Hier, den wollte ich gerade bei dir in den Briefkasten werfen." Sie reicht mir einen weißen Briefumschlag.
„Danke."
Wir lächeln uns an.
„Tschüss dann!"
„Tschüss und danke für alles!", ruft Coco mir hinterher.

„Oma?" Ich lege meine Hand an ihre Wange und schaue ihr in die Augen. „Ist alles okay mit dir?"
„Meine Amra", sagt sie und nimmt meine Hand in ihre.
„Oma, ich habe das nicht absichtlich gemacht. Es tut mir wirklich leid. Ich war selber überrascht, als der Polzin auf dir drauf saß."
„Ich muss nach Hause", sagt sie langsam.
„Ja, Oma, ich weiß." Ich kann es nicht fassen. Coco steht direkt vor mir und was mache ich? Nichts! Bin stumm wie ein Fisch. Im Gegensatz zu Coco. Wie die den Polzin zusammengestaucht hat, war schon megalässig und cool.
„Hat der November einen weißen Bart, wird der Winter lang und hart!", sagt Oma. „Ich war es", fügt sie leise hinzu.
„Was warst du?"
„Ich habe …", angestrengt sucht sie nach passenden Worten, „… ihn getreten. So ein Kotzbrocken! Ekelpaket!"
Verblüfft schaue ich zu Oma runter. Was ist denn mit der los? Früher wären ihr solche Worte nie über die Lippen gekommen! Selbst Mist und Kacke waren für sie schon am Rande des Unzumutbaren. Und jetzt gleich

zwei davon hintereinander. Das kann nur eine Folgeerscheinung ihres Schlaganfalls sein.

„Große Sünden bestraft der liebe Gott sofort", wimmert sie plötzlich.

„Nein, Oma, es heißt, kleine Sünden bestraft der liebe Gott sofort." Oma schaut mich mit großen ängstlichen Augen an.

„Oma, du hast recht. Polzin ist ein Kotzbrocken. Du hast dich absolut richtig verhalten und das findet der liebe Gott bestimmt auch!"

Oma nickt.

„Und jetzt gehen wir nach Hause", sage ich entschlossen.

Wir sitzen im Wohnzimmer, der Fernseher läuft. Oma hat es sich in ihrem Sessel bequem gemacht. Zwei vor acht. Gleich kommt die *Tagesschau*.

„Von wem?", fragt sie und zeigt auf den Umschlag, der neben mir auf dem Sofa liegt.

„Von Coco", erkläre ich. „Das Mädchen, das wir eben getroffen haben."

„Gutes Mädchen. Was steht drin?"

„Habe ich noch nicht gelesen."

„Ruhe! Nachrichten!", ordnet Oma an.

Ich stelle lauter und stehe auf.

„Oma, ich muss noch mal weg. Ist wirklich wichtig." Kurz vor der Tür drehe ich mich um, ich muss noch etwas loswerden. „Oma, ich freue mich, dass du da bist. Ich hab dich lieb." Und bevor mir die Tränen kommen, drehe ich mich schnell um und laufe zu Louise. Treppe runter, links abbiegen, 100 Meter laufen und schon bin ich da.

Hi, Amra, hi, Louise!

Ihr seid also die beiden, die mein Buch gefunden haben. Das Tagebuch. Hatte ich mir gedacht, dass ich es bei euch liegen gelassen habe. Ich bin deswegen noch zweimal zu euch hin, hat aber keiner aufgemacht. Ich dachte, ihr schiebt Panik, dass ihr mich nicht mehr loswerdet. Und gelesen habt ihr es also auch. Kennt ihr mich denn jetzt? Und wie findet ihr mich so?

Felix' Imbiss war aufm Parkplatz vorm Bauhaus. Ich konnte schon nach ein paar Tagen kein ranziges Fett mehr riechen. Das war's nicht. Gar nichts war was. Dauernd einen Schlafplatz suchen, stinken, zu viele fertige Typen, blank. Keine Ruhe. Das hat mich richtig runtergezogen. Dann der Absturz. Bin in der S-Bahn eingedöst. Zwei Typen haben sich meinen Rucksack gegriffen, sind raus und bevor ich gecheckt habe, was läuft, war die Tür zu. Kompletter Fail. Viel hatte ich sowieso nicht mehr, aber jetzt hatte ich gar nichts mehr. Echt gar nichts. Ich habe mich so elend gefühlt. In der Unterführung hingen ein paar Penner rum, haben mich eingeladen, gemeinsam haben wir auf das beschissene Leben angestoßen. Immer und immer wieder, bis zum Abgang. Ins Nirvana.

Aufgewacht bin ich im Krankenhaus. Alkoholvergiftung. Drei Komma drei Promille plus schwere Lungenentzündung. „Das war knapp", meinte Martina. Die saß an meinem Bett, als ich die Augen wieder aufgekriegt habe. Irgendwann haben sie die Schläuche abgemacht und ein paar Tage später durfte ich gehen. Ein Glück hat keiner blöde Fragen gestellt, irgendwie hat Martina alles geregelt. Ich bin dann erst mal mit zu ihr. Ich war einfach nur müde.

Ich hab's vermasselt. Bin ich eigentlich selber schuld? Ich weiß nicht. Ist einfach alles so gekommen. Und jetzt? Schon mal gar nicht zurück in irgendein Kaff. Ich bleibe hier, bin auch schon offiziell gemeldet. Und in zwei Monaten werde ich achtzehn, da kann mir keiner mehr was. Ich könnte noch mal zur Schule gehen. Oder ich mache eine Ausbildung, vielleicht was mit Kindern. Dann braucht sich Jasmin auch nicht für mich zu schämen.
Martina meint, dass ich sie finden muss. Ich weiß nicht. Was, wenn sie mich nicht mag? Das wäre schrecklich. Außerdem habe ich dann die Eltern an der Backe. Frau Winkler vom Jugendamt hat sich richtig gefreut, von mir zu hören. Sie hat mir die Adresse und die Telefonnummer von denen gegeben. Jetzt muss ich mich nur noch trauen. Bei Martina konnte ich nicht bleiben, bin jetzt in einer betreuten WG. Mal wieder. Habe ein schönes Zimmer für mich. Irgendwie ist alles anders gelaufen als geplant. Eigentlich hatte ich gar keinen Plan. Genau wie die anderen hier.

Manchmal denke ich an Mama. Ich frage mich, was bei ihr abgegangen ist? Was sie sich gedacht hat, als sie abgehauen ist? Wahrscheinlich hat sie sich gar nichts gedacht. Zu viel Stress. Auch ich. Aber warum meldet sie sich nicht wenigstens jetzt mal? Ich weiß es nicht. Manchmal vermisse ich sie ein bisschen.

Mit Vicky habe ich mich wieder vertragen. Nico ist nicht mehr und ihr tut das von damals echt leid. Läuft also gerade alles ganz gut und ein bisschen schuld daran seid ihr auch. Ich meine, ihr hättet das Buch auch wegschmeißen können, ihr kanntet mich ja gar nicht. Also, echt danke.

Ich glaub, das war's jetzt.
Coco

Drei Wochen später sind unsere Interviews erschienen.

CHARLY_19

VERMISST

Jemand ist verschwunden.
Was ist zu tun?
Was unternimmt die Polizei?

Wir haben mit Frau Schultze
vom LKA 124,
der Zentralen Vermisstenstelle
für das Land Berlin, gesprochen.

Interview von Amra und Louise

Ein vierzehnjähriges Mädchen aus Berlin-Charlottenburg wird von ihren Eltern vermisst. Was sollen die Eltern unternehmen? An wen können sie sich wenden?
Grundsätzlich kann man bei jeder Polizeidienststelle eine Vermisstenanzeige aufgeben. Wenn die Familie in Charlottenburg wohnt, bietet es sich an, den dortigen Polizeiabschnitt aufzusuchen.

Wir haben gehört, dass Eltern erst zur Polizei gehen sollen, wenn sie ihr Kind länger als vierundzwanzig Stunden vermissen. Stimmt das?
Nein, das ist absoluter Quatsch. Eltern oder Erziehungsberechtigte, die ihr Kind vermissen, sollten sich sofort mit der Polizei in Verbindung setzen.

Was genau wollen Sie denn dann von den Eltern wissen?
Als Erstes versuchen wir, die Eltern

zu beruhigen und ihnen Mut zuzusprechen. Anschließend nehmen wir die Personalien der Tochter auf und stellen die für unsere Polizeiarbeit wesentlichen Fragen zur Klärung eines möglichen Vermisstenfalls:
- Besitzt das Mädchen ein Mobiltelefon? Wie ist die Nummer?
- Ist es auf sozialen Plattformen aktiv? Sind die Passwörter bekannt?
- Wann war der genaue Zeitpunkt ihres Verschwindens?
- Ist sie alleine oder mit Freunden unterwegs?
- Gibt es Verwandte, Freunde, Bekannte, bei denen sie sich aufhalten könnte?
- Gibt es Hinweise darauf, dass sie Berlin verlassen hat, um Freunde außerhalb zu treffen oder einen Trip ins Ausland zu machen?
- Haben die Eltern bereits Rücksprache mit Verwandten, Freunden oder der Schule gehalten?
- Gab es einen Auslöser für das „Verschwinden", beispielsweise einen Streit mit den Eltern, Freunden, Verwandten oder Schwierigkeiten in der Schule?
- Ist sie schon einmal von zu Hause weggelaufen oder ist dieses Verhalten eher ungewöhnlich für sie? Weil sie ansonsten ein absolut zuverlässiges Mädchen ist, das sofort Bescheid gibt, wenn es sich verspätet, oder angibt, bei wem es sich aufhält.

Darüber hinaus brauchen wir natürlich ein aktuelles Foto und eine genaue Beschreibung des Mädchens und der Kleidung, die es trug, als es das Haus verließ. Hat es weitere Kleidungsstücke, Koffer oder Taschen mitgenommen? Außerdem ist es sehr wichtig, zu erfahren, ob das Mädchen lebensnotwendige Medikamente benötigt, psychisch labil ist, einen Abschiedsbrief hinterlassen hat oder suizidgefährdet ist. Solche Umstände würden natürlich ein zeitnahes dringliches Einschreiten erforderlich machen.

Sobald all diese Fragen geklärt sind, wird eine Vermisstenanzeige mit allen erfragten Details aufgenommen. Da in eurem Fall das Mädchen 14 Jahre alt ist, ist das örtlich zuständige Kriminalkommissariat die zuständige Dienststelle. Erst wenn sie nach 10 Tagen noch nicht wiedergefunden wurde, wird die Bearbeitung an das LKA 124 abgegeben. Bei Kindern bis zum 14. Lebensjahr sind wir vom

LKA sofort zuständig. Ganz grundsätzlich gehen wir bei vermissten Kindern und Jugendlichen von einer Gefahr für Leib oder Leben aus.

Wie geht es weiter, nachdem Sie die Vermisstenanzeige aufgenommen haben?
Das orientiert sich immer an dem einzelnen Vermisstenfall. Auf jeden Fall sprechen wir – unter Zuhilfenahme der Schutzpolizei, das sind die Kollegen, die Streife fahren – mit allen bekannten und möglichen Kontakten der Vermissten mit der Bitte um Mithilfe. Also auch mit ihren Freunden, der Schule, dem Sportverein … Außerdem wird das Mädchen schengenweit zur „Personenfahndung" ausgeschrieben. Der Schengenraum umfasst sechsundzwanzig europäische Länder, und jeder Polizist, der in einem dieser Länder arbeitet, kann die Personenfahndung einsehen und ist berechtigt, das Mädchen in Gewahrsam, also in polizeiliche Obhut, zu nehmen.

Und wenn das alles nichts bringt?
Dann überlegen wir, ob wir die Öffentlichkeit um Mithilfe bitten.

Das nennt man Öffentlichkeitsfahndung. Hierbei wenden wir uns an die Presse und bitten in öffentlichen Medien um Unterstützung bei der Suche nach dem Mädchen. Das dürfen wir aber nur machen, wenn die Eltern ihre Einverständniserklärung dafür geben.

Und wenn auch die Öffentlichkeitsfahndung nichts gebracht hat?
Mehr darf ich euch leider über polizeiliche Fahndungstaktiken nicht erzählen.

Hat das Mädchen sich strafbar gemacht, weil sie abgehauen ist?
Nein. Abhauen ist keine Straftat.

Angenommen, Sie finden das Mädchen, und sie weigert sich, zurück zu ihren Eltern zu gehen. Was machen Sie dann?
Sollte sich bei einem Gespräch mit dem Mädchen herausstellen, dass sie auf gar keinen Fall zurück zu ihren Eltern will, so nehmen wir dieses selbstverständlich sehr ernst. Es kann viele Gründe geben, warum Kinder oder Jugendliche von zu Hause weglaufen. In so einem Fall würden wir das Mäd-

chen zunächst in den Kinder- bzw. Jugendnotdienst verbringen. Die dort angestellten Mitarbeiter treffen dann unter Hinzuziehung des zuständigen Jugendamtes und natürlich des Mädchens die weiteren Entscheidungen.

Und was passiert, wenn das Mädchen nach drei Tagen freiwillig wieder nach Hause zurückkommt? Wollen Sie bzw. die Polizei trotzdem noch mit ihr sprechen?
Ja. Wir versuchen dann, herauszufinden, wo es sich aufgehalten hat und mit wem es in der Zeit zusammen war. Häufig bekommen wir jedoch auf diese Fragen keine Antworten, weil die Jugendlichen gerade diese Informationen gegenüber der Polizei nicht preisgeben wollen, da sie denken, dass ihre Freunde deshalb bestraft werden, was aber in der Regel nicht der Fall ist. Oder weil sie sich diesen Ort sichern wollen für zukünftige „Aufenthalte".

Ist der Fall dann für die Polizei abgeschlossen? Oder bleibt das Mädchen trotzdem als „Ausreißerin" bei Ihnen gespeichert?
Die Personenfahndung zu dem Mädchen wird gelöscht, es wird ein Abschlussvermerk geschrieben und der Vermisstenvorgang wird abgeschlossen. Im polizeilichen System bleibt der Vorgang aber gespeichert. Das ist gerade bei Dauerausreißern häufig eine wichtige Grundlage für Ermittlungen in einem erneuten Vermisstenfall.

Dürfen wir Ihnen zum Schluss noch ein paar persönliche Fragen stellen?
Kommt drauf an. (Sie lacht.)

Sind Sie schon mal abgehauen?
Nein.

Können Sie schießen?
Ja, das habe ich in meiner Ausbildung gelernt und jetzt habe ich regelmäßig Schießtraining.

Tragen Sie jetzt gerade eine Pistole?
Nein. Aber jeder Mitarbeiter besitzt eine eigene Waffe, die in einem eigenen Waffenschließfach im Dienstgebäude gelagert wird, zu der der Mitarbeiter jederzeit Zugriff hat und für dessen Pflege er verantwortlich ist. In begründeten Fällen kann ich meine Waffe mit nach Hause nehmen, wenn

dort eine sachgerechte Lagerung (an die hohe Ansprüche gestellt wird) möglich ist.

Was haben Sie für eine Ausbildung?
Ich habe an der Hochschule für Wirtschaft und Recht studiert. Eine tolle Ausbildung mit viel Sport und Rechtsfächern wie Strafrecht und Verfassungsrecht. Aber auch Kriminalistik, Psychologie und einige mehr. Für mich war es perfekt. Meine Berufsbezeichnung ist Kriminalbeamtin.

Und was macht diesen Beruf so interessant, so perfekt für Sie?
Weil er spannend ist. Jeden Tag aufs Neue.

Vielen Dank, Frau Schultze.

Im Jahr 2020 wurden nach Angaben des Bundeskriminalamtes 73.701 Jugendliche (14–17) als vermisst registriert. Davon wurden im Laufe des Jahres 72.159 Fälle aufgeklärt, was einer Aufklärungsquote von 97,9 % entspricht.

Erfahrungsgemäß erledigen sich etwa 50 % der Vermissten-Fälle innerhalb der ersten Woche. Binnen Monatsfrist liegt die „Erledigungs-Quote" bereits bei über 80 %. Der Anteil der Personen, die länger als ein Jahr vermisst werden, bewegt sich bei nur etwa 3 %.

Quellennachweis, Stand Januar 2022
https://www.bka.de

ABGEHAUEN

Zu jedem Gesicht gibt es eine Geschichte. Aber ein Gesicht kann man nur sehen, wenn man hinsieht. Sebastian McPeters sieht hin. Er arbeitet seit über 20 Jahren als Sozialpädagoge mit Jugendlichen, die auf der Straße leben. Wir haben ihn auf dem Alexanderplatz in Berlin interviewt.

Interview von Amra und Louise

Hauen Jugendliche eher allein oder zusammen mit Freunden ab?
Die meisten hauen alleine ab. Einmal war eine Gruppe aus drei oder vier Jugendlichen bei uns. Die waren zwischen dreizehn und vierzehn Jahre alt und konnten den Erzieher aus der Wohngruppe nicht leiden. Die haben sich dann gedacht, dem zeigen wir es jetzt und hauen zusammen ab. Das ist aber eher die Ausnahme.

Wie gefährlich ist das Leben auf der Straße?
Gefährlich ist es auch, aber vor allem ist es anstrengend. Man hat mit Leuten zu tun, die wenig oder gar nichts besitzen. Da kann es passieren, dass man beklaut wird. Plötzlich ist der Schlafsack oder der Rucksack weg, aber es passieren auch schlimmere Sachen. Seit

es Kinder gibt, die wegrennen, gibt es auch Menschen, die das ausnutzen.

Mal abgesehen von Zigaretten, nehmen viele von den Jugendlichen hier Drogen?
Ja. Zu dem Zeitpunkt, wenn sie abhauen, nehmen sie vielleicht noch keine Drogen. Aber wenn sie dann eine Weile auf der Straße sind und dort Leute kennenlernen, sind immer welche dabei, die Drogen nehmen. Und nach einer gewissen Zeit finden sie es dann total normal, selber Drogen zu nehmen. Alkohol, aber auch verbotene Drogen.

Was für welche denn?
Natürliche Drogen wie Marihuana oder bestimmte Pilze. Oder chemische Drogen, die aus dem Labor kommen, wie Ecstasy, Kokain, Crystal Meth. Die wirken viel stärker. Wenn man die einmal genommen hat, will man die immer wieder haben. Nimmt man sie nicht, zittern einem die Hände und man fühlt sich richtig schlecht. Wenn man aber die gleiche Droge wieder nimmt, dann geht das weg. Das sind alles Drogen, von denen man nicht so schnell wegkommt, von denen man abhängig wird.

Wovon bezahlen sie die Drogen?
Manche sammeln Pfandflaschen. Das ist das Harmloseste. Manche stehlen in Läden oder klauen Fahrräder und verkaufen die dann gegen Geld oder Drogen. Manche verkaufen auch ihren Körper. Jungs wie Mädchen machen das. Das kommt vor, aber nicht bei allen.

Jobben die Jugendlichen manchmal auch?
Es gibt immer mal wieder welche, die einen Aushilfsjob haben. Meistens funktioniert das aber nicht lange. Wenn man keinen festen Wohnort oder keinen Platz hat, an dem man immer schlafen kann, ist es schwierig, immer pünktlich zur Arbeit zu kommen. Vielleicht ist die Anreise mit den Öffentlichen kompliziert, oder sie haben kein Geld für eine Fahrkarte, werden in der Bahn kontrolliert und die Polizei wird gerufen. Und dann kommen sie zu spät. Eine Weile kann das funktionieren, ein Monat oder auch weniger, und dann verlieren sie ihren Job. Weil man sich nicht auf sie verlassen kann, aber sie können gar nicht verlässlich sein, weil ihr Drumherum so chaotisch ist.

Gibt es auf der Straße auch ehrliche Freundschaften?
Wenn man auf der Straße lebt, lernt man ständig neue und andere Menschen kennen. Zuerst sind sie alle freundlich miteinander, weil es allen gleicht geht. Dann streiten sie sich wegen irgendwas und die Freundschaft ist schnell wieder vorbei. Es gibt aber auch Jugendliche, die lange Freundschaften haben, die sich vertrauen und wo der eine den anderen nicht beklaut.

Welche Wünsche und Träumen haben die Ausreißer?
Sie alle wollen ein besseres Leben haben, als sie es von ihren Eltern oder Verwandten kennen. Und natürlich wollen sie jemanden haben, der sie lieb hat. Sie wollen ein Zuhause und vielleicht sogar Kinder. Sie wollen, wie jeder von uns, ein tolles Leben haben. Und das sollen sie auch. Die Kinder können ja nichts dafür, dass sie so einen schlechten Start ins Leben hatten.

Wollen die Jugendlichen ihr Leben eigentlich ändern?
Irgendwann wollen das alle. Das dauert bei dem einen länger als bei dem anderen. An den Punkt, dass sie etwas ändern wollen, kommen aber alle irgendwann. Sachen zu ändern und zu klären, zum Beispiel mit den Eltern oder dem Jugendamt, kann auch mal länger dauern und macht nicht immer Spaß. Nicht alle haben die Ausdauer und auch den Mut, zu ertragen, dass manche Sachen nicht gleich so funktionieren, wie sie es sich vorstellen. Die probieren es und wenn das nicht gleich erfolgreich ist, sagen sie: „Ach, ich mach mal eine Pause und versuche es später noch mal."

Und schaffen sie es dann?
Das hängt von jedem selber ab. Wenn man im Frühjahr abhaut, dann ist es erst mal warm und toll und man kann sein Leben ganz gut draußen verbringen. Wenn es dann im Herbst kälter und nasser wird, sagen dann schon ein paar: „Das halte ich jetzt aber nicht den ganzen Winter durch. Megaanstrengend. Ich friere jetzt schon, habe Husten und werde krank." Und dann sind sie eher auch bereit, sich zu überlegen, was sie sonst noch so machen können. Und dabei helfen wir ihnen.

Sind jugendliche Ausreißer, die auf der Straße leben, mutiger, willensstärker und selbstbewusster?

Wenn ein Jugendlicher es schafft, wochen- oder monatelang auf der Straße zu leben, dann ist er auf jeden Fall widerstandsfähiger, als ich es bin. Und auch mutiger. Ich könnte so ein Leben nicht aushalten. Die Jugendlichen haben aber nicht die Möglichkeiten, die ich habe, und deswegen bleibt ihnen manchmal nichts anderes übrig. Wenn jemand mehrere Wochen auf der Straße lebt, mit allem, was dazugehört, dann gibt es immer einen Grund dafür. Das macht niemand mal kurz aus Spaß. Jemand, der das mal ausprobieren möchte, der macht das eine Woche oder zwei oder sogar drei und spätestens dann hat er keine Lust mehr. Weil es wirklich anstrengend ist. Man weiß ja nie, wo man schläft, ob noch alle Sachen da sind, ob man nachher noch was zu essen kriegt oder sein Handy irgendwo aufladen kann. Damit sind sie tagein und tagaus beschäftigt. Das, was andere Kinder haben, ein Zuhause und Eltern, die einen beschützen und die da sind, wenn es einem nicht gut geht, die auch mal zuhören und fragen, was man essen möchte, die die Handyrechnung bezahlen und so weiter, haben die Straßenjugendlichen nicht. Sie müssen sich um alles selber kümmern. Ich habe ziemlich Respekt vor jemandem, der das aushält. Und das ist auch der Grund, warum ich ihm helfen will. Also, für jemanden, der das freiwillig macht, ist das ja okay, aber jemandem, der keine andere Wahl hatte, dem muss man helfen, damit auch er die Chance bekommt, nicht mehr so leben zu müssen. Das ist der Grund, weshalb ich in der Kreuzberger Kontakt- und Beratungsstelle (KuB) arbeite.

Haben die Jugendlichen, die abgehauen sind, denn keine Angst, bei euch am Bus zu stehen und dass die Polizei kommt und sie wieder zurückbringt?

Ja, haben sie bestimmt manchmal, aber wenn jemand großen Hunger hat, dann ist es ihm egal. Der kommt zum Bus, hat eine Kapuze oder eine Basecap auf, um sein Gesicht zu verstecken, holt sich etwas zu essen und geht wieder. Wir haben auch Kontakt zur Polizei und zu der Vermisstenstelle und wenn die fragen, sagen wir denen auch, dass der Leon öfter zum Bus kommt und sich etwas zu essen holt. Dann sagt die Polizei meistens: „Ah, das ist ja toll, dann ist er ja irgendwo und hat Kontakt zu euch. Dann ist er wenigstens nicht mehr vermisst." Das ist wichtig. Die sagen, es ist uns lieber, wir wissen, er ist irgendwo bei jemandem, der ihm hilft, als dass wir gar nichts wissen.

Kommt es vor, dass Jugendliche dich oder euch um Hilfe bitten, von der Straße wegzukommen? Und was unternehmt ihr dann?
Ja, klar. Wir machen meistens mit den Jugendlichen den Anfang. Überlegen zusammen, was sie wollen, und versuchen, das dann mit ihnen gemeinsam zu organisieren.

Was kann das sein?
Wir sind zwar Helfer, aber um sie weiter begleiten zu können, brauchen wir natürlich auch die Hilfe von anderen Organisationen, Jugendämtern oder Psychologen. Wenn das gut läuft, dann ziehen wir uns ein Stück zurück. Weil wir dann sagen können: „Guck mal, bei dir läuft es jetzt schon ein bisschen besser. Du hast jetzt eine eigene Wohnung oder einen Platz an einer Schule gefunden. Andere Jugendliche brauchen gerade mehr Hilfe von uns." Für die meisten ist das vollkommen okay, zumal sie uns ja immer noch besuchen können. Und darüber freue ich mich auch immer.

Gibt es schwangere Mädchen auf der Straße?
Ja, die gibts. Einige von ihnen sind noch sehr jung. Wenn sie frisch schwanger sind, dann wollen viele noch auf der Straße bleiben. Doch je mehr das Baby im Bauch wächst und je näher der Geburtstermin rückt, umso wichtiger wird es für sie, dass sie irgendwo sein können, wo auch das Baby gut versorgt ist. Wir begleiten sie dann. Suchen mit ihnen zusammen eine Mutter-Kind-Einrichtung und ein Krankenhaus für die Geburt.

Möchten eigentlich die meisten so schnell wie möglich volljährig werden, um dann selber entscheiden zu können, wie sie leben wollen?
Die freuen sich, wenn sie achtzehn werden, weil sie dann ein paar mehr Freiheiten haben. Obwohl das nur so halb stimmt. Sie dür-

fen dann zwar alles selbst bestimmen, aber an ihrer Situation hat sich ja erst mal nichts geändert. Da macht es keinen Unterschied, ob sie siebzehndreiviertel oder achtzehneinhalb sind. Aber sie müssen sich dann zum Beispiel keine Sorgen machen, dass das Jugendamt sie in eine Einrichtung steckt, in die sie nicht wollen. Wenn man volljährig ist, sagen die Gesetze (und die Behörden): „Du bist erwachsen und kannst dich um dich selber kümmern." Das können natürlich die meisten nicht, egal, ob Ausreißer oder nicht, aber es wird von ihnen erwartet.

Gibt es Jugendliche, bei denen du ziemlich schnell wusstest, dass es gut oder nicht so gut mit ihnen enden wird?
Ja. Bei manchen Jugendlichen denke ich mir, sie schaffen es leichter als andere. Wenn ihr mich fragt, woran ich das festmache, kann ich es euch gar nicht genau sagen. Es ist eher ein Gefühl oder Eindruck. Das liegt vielleicht auch daran, dass ich das schon eine Weile mache und Erfahrung habe. Es hängt viel davon ab, wie derjenige so ist. Ist er oft traurig, lustlos oder mutlos, dann glaube ich immer eher, dass es für ihn schwerer ist als für jemanden, der aktiv ist, immer viel fragt und ganz viel wissen will.

Kennst du Jugendliche, die gestorben sind?
Ja. Aus verschiedenen Gründen. Meistens war es denen irgendwann zu viel. Die waren dann lebensmüde, habt ihr bestimmt schon mal gehört. Die wollten dann nicht mehr leben.

Bekommst du mit, wie viele von den Jugendlichen, die auf der Straße gelebt haben, mit deiner/eurer Hilfe von dort wegkommen?
Die Frage ist ein bisschen schwer zu beantworten. Nicht weil ich es nicht mitkriege, aber es hängt davon ab, ob ich nach fünf oder nach zehn Jahren gucke. Das macht einen Unterschied. Auf einen langen Zeitraum gesehen, schaffen es die meisten. Es gibt dann zwar immer noch welche, die wohnungslos sind, aber die meisten, mit denen ich hier zu tun habe, die schaffen das. Bestimmt siebzig, fünfundsiebzig Prozent. Man kann das Leben ja in Abschnitte einteilen: Kindergar-

ten, Schule, Arbeit ... Wir sehen das so: Wir haben einen Jugendlichen in dem Lebensabschnitt kennengelernt, in dem er auf der Straße gelebt hat. Der ist dann vorbei und es kommt ein neuer Lebensabschnitt.

Bekommt ihr ab und zu auch mal Feedback von ehemaligen Ausreißern?
Ja, von ganz vielen. Die kommen vorbei, schreiben uns oder kommen mit ihren Kindern zum Bus. Manche, die jetzt in anderen Städten leben, schicken uns auch mal Pakete mit Spenden.

Bist du schon mal von Zuhause abgehauen und hast auf der Straße geschlafen? Oder deine Kollegen?
Nein, ich könnte das auch nicht. Ich hatte das Glück, dass bei mir alles gut war. Eltern, Schule, Freunde. Und die meisten meiner Kollegen haben auch noch nicht auf der Straße gelebt. Aber viele Jugendliche, denen wir geholfen haben, sagen: „Wenn ich mir einen Beruf wünschen könnte, möchte ich gerne so was machen wie ihr." Die machen dann nicht unbedingt Straßensozialarbeit, aber irgendetwas anderes in dem Bereich, zum Beispiel Erzieher im Kindergarten.

Warum machst du diesen Job?
Weil es mir Spaß macht. Ich helfe gerne Menschen. Es gibt ja ganz verschiedene Berufe, in denen man helfen kann. Bei der Feuerwehr, der Polizei, als Schornsteinfeger oder Computerexpertin, aber das sind alles Sachen, die mich nicht so interessieren. Ich interessiere mich eben mehr für Menschen, die auf der Straße leben. Das ist mir so wichtig, weil die am meisten Hilfe brauchen. Deswegen mache ich das gerne und kann es auch gut.

Ist deine Arbeit nicht auch manchmal traurig und zieht dich runter?
Das ist auch mal traurig, aber nicht jeden Tag. Außerdem, jemand, dem es schlecht geht, der braucht keinen, der ihm dann noch sagt: „Ja, das stimmt, dir geht es ganz doll schlecht." Der braucht jemanden, der sagt: „Komm, ich helfe dir. Ich habe Essen und Trinken dabei. Ich weiß, wo man gut schlafen kann. Wir haben Duschen, da gibt es auch Handtücher und da kannst du dich ausruhen." So jemanden

braucht der. Das mache ich gerne, weil ich weiß, wo ich so etwas herkriegen kann. Ich kenne sehr viele Menschen und bin gut vernetzt.

Wenn du was an der Situation der Ausreißer ändern könntest, was wäre das?
Die Jugendlichen, die schon länger auf der Straße sind, sind abgehauen, weil sie es zu Hause nicht mehr ausgehalten haben. Sie hatten ihre Gründe, warum sie abgehauen sind. Wenn Eltern nicht mehr miteinander klarkommen, sich oft streiten, dann ist das für das Kind doof. Oder Eltern schlagen ihre Kinder und sind schlecht zu ihnen. Oder trinken ganz viel Alkohol und kümmern sich nicht um ihre Kinder. Wenn man das früh genug erfährt, kann man bereits helfen, bevor die Kinder abhauen.

Hat sich in den letzten zwanzig Jahren, in denen du diesen Job machst, etwas verändert?
In den letzten zwanzig Jahren hat sich ganz viel verändert. Das Einzige, was sich jedoch nicht verändert hat, sind die Gründe, warum die Jugendlichen abhauen. Schon als ich ein Kind war, sind die Jugendlichen aus den gleichen Gründen abgehauen wie heute. Was sich aber verändert hat, ist das Drumherum. Neue Hilfsmöglichkeiten, neue Gesetze und so weiter.

Wann findest du deinen Job schwer?
Wenn jemand stirbt. Das ist schwer. Wenn jemand es nicht schafft, das alles auszuhalten, und ich das vorher nicht gemerkt habe. Oder ich habe es sogar vorher gemerkt, konnte aber nichts machen, weil es Sachen gibt, bei denen ich einfach nicht helfen kann. Oder wo ich der Falsche bin oder die Hilfe, die ich anbieten kann, nicht die richtige ist. Da wird es schwer. Mit dem Helfen ist das so eine Sache. Es muss einen geben, der helfen will, aber es muss auch einen geben, der bereit ist, die Hilfe anzunehmen. Schwer wird es dann, wenn du jemandem helfen möchtest, der deine Hilfe gar nicht will, obwohl er sie bräuchte. Wenn dem dann etwas Doofes, Schlimmes passiert, er sich sogar umbringt, dann ist das hart.

Was ist das Schönste in deinem Beruf oder das Schönste, was dir mal passiert ist?
Ich mache gerne mit den Jugend-

lichen Quatsch. Die haben ein anstrengendes Leben, aber man kann mit ihnen auch Spaß haben. Wir sind oft lustig miteinander. Und das mag ich, weil das Drumherum nicht immer lustig ist und die Augenblicke, in denen wir Spaß miteinander haben, deshalb wertvoll sind. Das finde ich schön. Wir lachen oft am Bus. Ich habe mal zusammen mit einem Mädchen, das lange auf der Straße gelebt hat und häufig bei uns in der KuB war, eine Wohnung gesucht. Das war nicht einfach, aber wir haben eine gefunden. Sie ist eingezogen und hat mich dann zu Kaffee und Kuchen eingeladen. Den Kuchen hat sie mit Besteck aus der KuB aufgeschnitten. An der einen Wand hingen Bilder, die sie bei uns in der KuB gemalt hat, und die andere Wand hatte sie komplett mit Fotos von meinen Kollegen und mir beklebt. Das war wie Familienfotos oder Alben aufstellen, nur waren da lauter Menschen drauf, die auch ich alle kannte. Ich war echt gerührt. Ganz offensichtlich sind oder waren wir ein wichtiger Teil in ihrem Leben. Ansonsten würden wir da nicht hängen. Das war echt schön.

Eine letzte Frage: Was hast du eigentlich für eine Ausbildung?
Ich habe Sozialarbeit mit dem Schwerpunkt Straßensozialarbeit studiert.

Vielen Dank, Sebastian, dass du dir so viel Zeit für uns genommen hast. Das war wirklich sehr interessant.

Nach wie vor gibt es keine gesicherten Erkenntnisse über die Anzahl der Jugendlichen und jungen Erwachsenen, die auf der Straße leben. So existiert keine amtliche Statistik zu deren Erfassung. Auch lässt sich die avisierte Gruppe von Jugendlichen besonders schlecht erreichen und zum Teil auch identifizieren. Viele der Wohnungslosen kommen bei Freunden unter und sind so weithin unsichtbar. Aufgrund dieser schlechten Erreichbarkeit und Sichtbarkeit Straßenjugendlicher kann das Ausmaß nicht direkt über die Betroffenen ermittelt werden.

Das Deutsche Jugend Institut (DJI) untersuchte dies somit über eine Befragung von Fachkräften, die gezielt mit Straßenjugendlichen arbeiten, und kam zu der Annahme, dass es in Deutschland 37.000 Straßenjugendliche (14–27 Jahre) gibt. Die größte Gruppe ist 18 oder 19 Jahre alt. Auffällig ist, dass vor allem bei den Minderjährigen die Mädchen dominieren. Bis zu einem Alter von 20 Jahren gleichen sich die Anteile von Jungen und Mädchen an.

Probleme in der Familie sind der Hauptgrund, warum junge Menschen auf die Straße geraten und ohne festen Wohnsitz sind.

https://www.caritas.de/neue-caritas/heftarchiv/jahrgang2018/artikel/37.000-junge-menschen-ohne-zuhause

DANKE AN:

Die **Mitarbeiter*innen der Kreuzberger Kontakt- und Beratungsstelle** (KuB), die sich für junge Menschen, deren Lebensmittelpunkt die Straße ist, engagieren, weil sie uns so herzlich aufgenommen haben und einen richtig tollen Job machen! Allen voran **Sebastian Wegendt**, weil er mit Herzblut dabei und echt „knorke" ist. Die freundlichen und engagierten **Mitarbeiter*innen der Bahnhofsmission** am Zoologischen Garten. Besonders **Kai Schellenbeck**. **Andrea Friese** vom **LKA 124** und **Ines Fornaçon** von **Off Road Kids** für die Einblicke in ihre Arbeit. **Marlen Brüntrup** für Ihre Begeisterung und die Ermutigung zu diesem Projekt. **Andrea Schultze**, weil sie immer da war, für ihr intensives Lesen und die Gedanken an Otto. **Luise Hitzbleck** und **Clara von Stülpnagel** für ihr unermüdliches Lesen. **Helin** und **Josepha** für die schöne Zeit in der Jagdhütte. **Paulina** und **Clara** für das abendliche Chatten und **Sabine** für das wunderbare Allgäuerisch, das leider dem Rotstift zum Opfer fiel.

Joanna und **Krystyna** für die Übersetzung ins polnische. **Birge** für die Hör-Tipps. **Doris** für die mentale Unterstützung. **Anne**, für alles. Alle **Büchereimitarbeiter*innen**, besonders die der **Dietrich-Bonhoeffer-Bibliothek** in Berlin-Wilmersdorf, weil Lesen nicht nur schlau, sondern auch schön macht! Alle **Mitarbeiter*innen** des **Sommerbads Lochow**, weil Lesen plus Schwimmen noch schöner macht. Die **DB-Restaurantmitarbeiter*innen**, die wir in der langen Zeit des Schreibens kennengelernt haben. **Hennig**, weil er so ist, wie er ist. **Hertha** und **Hermann**, weil sie so waren, wie sie waren.
Cordula Setsman für ihre konstruktive Kritik und das Lektorat. **Mischa Bach** für die ermutigende Einschätzung. **Anne Haun Efremidis** und **Marion Voigt** für das Korrektorat. **Britta Paulich-Steinke** für den Satz, und die grafische Unterstützung. **CPI books GmbH**, aus Leck für die Gesamtherstellung.
Und natürlich **Stiftung Kulturwerk** der **VG-Bild-Kunst** für die großzügige Unterstützung.

Vielen Dank!
Ohne Eure Unterstützung gäbe es **„DAS MÄDCHEN IN UNSEREM BADEZIMMER"** nicht.

**DAS MÄDCHEN
IN UNSEREM
BADEZIMMER**

2. Auflage 2023
© Wacker und Freunde Verlag, Berlin 2023
ISBN 978-3-00-071776-5

Alle Rechte vorbehalten. Das Werk darf – auch teilweise – nur mit Genehmigung des Verlages wiedergegeben werden. Übereinstimmungen und Ähnlichkeiten mit lebenden Personen sind rein zufällig und nicht beabsichtigt.

Cover und Illustrationen: Kerstin Wacker

Bibliografische Information der Deutschen Nationalbibliothek:
Die Deutsche Nationalbibliothek verzeichnet diese Publikation in der Deutschen Nationalbibliografie; detaillierte bibliografische Daten sind im Internet über http://dnb.d-nb.de abrufbar.